Cookies, Bagels & Co.

Kristiane Müller-Urban

Cookies, Bagels & Co.

Neue kleine Kuchen
und pikante Snacks

Die Deutsche Bibliothek – CIP-Einheitsaufnahme

Müller-Urban, Kristiane:
Cookies, Bagels & Co. : Neue kleine Kuchen
und pikante Snacks / Kristiane Müller-Urban. –
Augsburg: Midena, 1998
ISBN 3-310-00504-6

Midena Verlag, Augsburg
© 1998 Weltbild Verlag GmbH, Augsburg
Alle Rechte vorbehalten

Layout: Hampp Verlag, Stuttgart
Umschlaggestaltung: KA·BA factory, Augsburg
Umschlagbild: Pfanni-Maizena Markenartikel GmbH, Heilbronn
Fotos: S. xx: Schwartauer Werke; S. 17: Peter Kölln, Köllnflocken-
werke; S. 19: USA-Sonnenblumenkerne; S. 39, 71: The Food
Professionals, Sprockhövel; S. 41, 85: Pfanni-Maizena Markenartikel
GmbH, Heilbronn; S. 89: Deutscher Käse;
alle übrigen: Odette Teubner, Füssen
Satz: pws Print und Werbeservice Stuttgart GmbH
Lithos: Bild und Text GmbH Baun, Fellbach
Druck und Bindung: Offizin Andersen Nexö, Leipzig –
ein Betrieb der Interdruck Graphischer Großbetrieb GmbH
Printed in Germany

Gedruckt auf umweltfreundlich elementar chlorfrei gebleichtem
Papier

ISBN 3-310-00504-6

Inhaltsverzeichnis

IV Kleine feine Kuchen mit Früchten

V Würzige Kuchen für Partys und andere fröhliche Feste

Abkürzungen

EL = Eßlöffel
TL = Teelöffel
Msp. = Messerspitze
Pck. = Päckchen
kg = Kilogramm
g = Gramm
l = Liter
ml = Milliliter
cm = Zentimeter
mm = Millimeter
TK = Tiefkühl…
geh. = gehackt
gem. = gemahlen
ger. = gerieben
gestr. = gestrichen

Einleitung

Von Koekje & Cookies, Doughnuts & Donuts

Amerika ist das Land der unbegrenzten Möglichkeiten und der kleinen, überaus köstlichen Kuchen. Cookies, runde knusprige Kekse, werden zu jeder Gelegenheit und von jung und alt aller Orten verzehrt. Während bei uns Kekse, also Plätzchen, meistens nur in der Weihnachtszeit gebacken werden, gibt es für die Amerikaner kein größeres Küchenvergnügen, als Cookies zu backen, und zwar rund ums Jahr. Klar, daß es in einem so großen Land mit so vielen Menschen, die sich aus allen Teilen der Welt auf dem großen Kontinent zu einem Volk versammelt haben, fast ebenso viele verschiedene Rezepturen für Cookies und andere kleine köstliche Kuchen gibt.
Die Überlieferung sagt, daß die Wiege der Cookies einst in Dänemark stand, wo Kekse *Koekje* heißen. Als die ersten Dänen mit ihren Familien nach Amerika auswanderten, buken sie in der neuen Heimat natürlich auch ihre beliebten *Koekje*, aus denen im Lauf der Zeit der amerikanische Ausdruck Cookies entstand. Die amerikanischen Cookies sind inzwischen auch bei uns beliebt als kleines Trösterchen, als sättigender Imbiß zwischendurch oder einfach nur so, weil sie himmlisch nach mehr schmecken.

Tip

Cookies werden am besten luftdicht verschlossen in Dosen oder Gläsern aufbewahrt. Sie lassen sich aber auch gut bis zu zwei Monaten einfrieren.

Auch die feinen Donuts stammen ursprünglich aus Europa, genauer aus England, wo man sie schon im 16. Jahrhundert als »important doughy cakes« bezeichnete, ähnelten diese in Fett ausgebackenen Kugeln doch Doughnuts – Teignüssen. Das Loch in der Mitte kam erst später in Amerika hinzu, wo aus den englischen Doughnuts amerikanische Donuts wurden.
Amerikaner sitzen nicht wie wir morgens am Frühstückstisch und stärken sich mit Müsli und Orangensaft. Amerikaner steuern in der Früh die nächste Tankstelle an und verlangen nach einem Becher Kaffee und Donuts – ohne diese süßen Muntermacher schafft es kein Mensch zu seinem Arbeitsplatz und kein Kind bis zur Schule. Donuts schmecken pur, mit Schokoguß, mit Zimtzucker oder mit goldgelbem Honigüberzug.

Tip

Donuts schmecken nur frisch gebacken.

7

Muffins, das typische amerikanische Gebäck, läßt sich mit buntem Gebäckschmuck lustig verzieren.

Von Muffins, Brownies & Bars, Scones & Buns

Wiederum in der Alten Welt, nämlich in England, liebten die Menschen die weichen, saftigen kleinen Kuchen namens Muffins, die aus Hefeteig hergestellt waren. Irgendwann in der Mitte des 19. Jahrhunderts, als bereits Tausende von Engländern Amerika besiedelten, buken die Frauen Muffins nicht mehr aus dem schwierigeren Hefeteig, sondern aus dem einfachen Rührteig, dem Natron bzw. Backpulver als Treibmittel zugesetzt wurde. Muffins gelten heute als das amerikanische Gebäck schlechthin. Die nicht besonders süßen Muffins werden immer warm serviert und mit Butter und/oder Konfitüre oder Marmelade gereicht, und zwar zu jeder Tageszeit.

Dieses Gebäck läßt sich wie kaum ein anderes geschmacklich variieren und verzieren.

Tip

Frisch gebackene Muffins können gut bis zu zwei Monaten eingefroren und später im Backofen erwärmt werden.

Brownies gehören eigentlich zu den Bars (= Barren, Riegel, Schnittchen), der Teig enthält immer Schokolade, das Gebäck wird in Quadrate oder Rechtecke geschnitten. Wer ein Schokoladenfan ist, der kommt an unseren Brownies nicht vorbei.

Bars, also Gebäck in rechteckiger Form, sind ebenfalls in den Vereinigten Staaten sehr beliebt. Der Teig wird zunächst auf einem Blech gebacken und später in Quadrate oder Rechtecke geschnitten. Bars gibt es mit Nüssen und Samen, Früchten und süßen Überzügen und in allerlei sehr leckeren Zusammensetzungen.

Tip

Brownies und Bars schmecken am besten am Tag ihrer Entstehung. Aber auch noch am folgenden Tag erfreuen sie Gaumen und Magen.

Scones heißen kleine süße und weiche Kuchen, die in England gerne zum Five o'clock-tea gereicht werden. Inzwischen hat auch dieses Gebäck die Genießer der Neuen Welt erobert. Und bei den Buns handelt es sich um weiche Brötchen, die mal süß und mal pikant zubereitet werden.

Von Beigel, Beygel & Bagels

Ganz gleich, wie sie geschrieben oder ausgesprochen werden: Bagels, so die amerikanische Schreibweise, bestehen aus ungesüßtem Hefeteig, sie haben ein großes rundes Loch in der Mitte, werden kurz in heißem Wasser gebadet, bevor sie im Ofen gebacken werden. Der Teig besteht unter anderem aus Weizenmehl, aber andere Mehlsorten, Kräuter und Gewürze, Speck-, Zwiebel- und Käsewürfelchen sorgen immer für ein neues und überraschendes Geschmackserlebnis.

Bagels werden auch mit Sesam, Mohn und Kümmel bestreut.

Bagels wurden von jüdischen Einwanderern von Österreich und Osteuropa nach Amerika gebracht, wo sie sich nach dem Sprung über den Atlantik im Laufe der Jahrhunderte zu einem typisch amerikanischen Gebäck entwickelt haben. Während bei uns auf der Straße am liebsten heiße Würstchen verzehrt werden, findet man in den großen Städten Amerikas fast an jeder Ecke einen Bagel-Stand. Bagels schmecken ofenfrisch und pur. Bagels werden auch belegt – wie beispielsweise deutsche, österreichische oder Schweizer Brötchen, aber auf amerikanische Art.

Es gibt Menschen, die schwören darauf, die halbierten Bagels beidseitig üppig zu belegen und auch so zu verzehren. Andere belegen den halbierten Bagel, klappen ihn zusammen und beißen kräftig hinein.

Ein Bagel schmeckt mit Frischkäse und Konfitüre ebenso köstlich wie mit gebratener Hähnchenbrust zwischen Salatblättern und allerlei exotischen Früchten – oder mit Gurkenscheiben, Dill, einem Frankfurter Würstchen, Senf und überbacken mit kräftigem Cheddar.

Tip

Frisch gebackene Bagels lassen sich bis zu zwei Monaten einfrieren. Einen Tag alte Bagels können gut im warmen Backofen oder halbiert im Toaster aufgebacken werden.

Neue kleine Kuchen, leicht & fruchtig

Kleine Kuchen sind trendy! Sie lassen sich schnell zubereiten und bringen Abwechslung auf den nachmittäglichen Kaffeetisch. Und wenn dann noch, wie bei uns, saftige Früchte mit im Spiel sind, dann wünscht man sich am liebsten jeden Tag einen kleinen süßen Kuchen zum Vier-Uhr-Kaffee. Die kleinen süßen Kuchen sind aber nicht nur fruchtig und lecker, sondern obendrein leicht und gesund durch viel vitaminreiches Obst. Deshalb munden sie nicht nur den großen, sondern auch den kleinen Genießern. Unsere neuen kleinen Kuchen schmecken natürlich am besten ganz frisch gemacht und mit (und ohne) Schlagsahne oder Eiscreme.

Let's have a party

Auf die Dauer sind doch Hamburger und Hot dogs, Chips und Flips langweilig. Hier kommen die ultimativen neuen Partyhits: kleine würzige Kuchen, die direkt von der Hand in den Mund wandern. Sie lassen sich allesamt gut vorbereiten, sogar einfrieren und bei Partytime schnell auftauen und im Ofen aufwärmen. Und das Tolle – bei den kleinen pikanten Kuchen ist für jeden Geschmack immer etwas dabei: Gemüse-kuchen für Vegetarier, Lachs-Kräuter-Kuchen für Fischfanatiker, Mini-Pizzas für die Toskana-Fraktion und scharfe Tex-Mex-Taschen für die Freunde kräftiger Fleischgenüsse. Bitte immer frisch servieren!

Schüssel, Meßbecher, Rührlöffel ...

Zum Backen unserer kleinen Kuchen müssen Sie sich wahrscheinlich nur wenige neue Geräte anschaffen: Schüsseln, Meßbecher, Rührlöffel, elektrischen Küchenquirl und Mixstab oder eine Küchenmaschine, Backbleche, Backpapier, Küchenpinsel und wie die vielen anderen kleinen Helfer in der Küche heißen, besitzen Sie sicherlich schon. Für Muffins benötigen Sie ein Muffinblech mit neun oder zwölf Mulden sowie Papierförm-chen. Für Donuts benötigen Sie eine Friteuse, aber die leckeren »Teignüsse« lassen sich auch in einem Kochtopf mit Fett ausbacken.

So gelingt's richtig

Bevor Sie zur Tat und an den Herd schreiten: Lesen Sie sich das Rezept durch und stellen Sie sich alle abgewoge-nen Zutaten auf den Arbeitstisch. Wenn nichts anderes im Rezept vermerkt ist, sollten alle Zutaten zimmerwarm sein, das ist ganz besonders beim Hefe-teig wichtig, damit er später beim Backen schön locker wird.
Sie können das Backblech für Cookies, Brownies, Bars und andere kleine Kuchen mit Butter oder Margarine einfetten oder mit Backpaier auslegen. Letzteres erspart das aufwendige Reinigen der Backbleche. Muffins können in einem Muffinblech mit und ohne Papierförmchen gebacken werden. Papierförmchen werden nicht eingefettet, aber ohne sie bekommen die Muffins eine festere Kruste.

Backöfen erbringen, je nach Alter und Fabrikat, unterschiedliche Temperaturen. Deshalb betrachten Sie unsere Temperaturangaben als Richtwerte. Sie kennen am besten Ihren Backofen; wählen Sie deshalb die von Ihnen gewohnte Temperatur. Kleine Kuchen sind meistens schon nach 15 Minuten fertig. Deshalb beobachten Sie Ihr Backwerk und verringern oder erhöhen Sie bei Bedarf die Temperatur.

Wie bei großen Kuchen können Sie auch bei Muffins die Garprobe machen: einen Holz- oder Metallspieß in die höchste Stelle einstechen. Ist der Spieß feucht und klebt etwas Teig dran, dann muß der Kuchen weitere 5 Minuten backen. Ist der Spieß dagegen trocken, ist der Kuchen fertig.

Lassen Sie jedes Gebäck 5 bis 10 Minuten ruhen, bevor Sie es vom Blech oder aus der Form nehmen.

Butter, Zucker, Mehl ...

Sie finden heute in den Läden nicht nur Weizenmehl in verschiedenen Ausmahlgraden. Zum Backen eignet sich auch Mehl aus anderem Getreide wie Buchweizen, Hafer, Grünkern, Dinkel u. a. Wenn Sie ein von uns vorgeschlagenes Mehl nicht bekommen, dann wählen Sie ein anderes. Sie können das Mehl von verschiedenen Getreidesorten auch mischen.

Unsere Eier haben die Größe M. Ist die Rede von 1 kleinen Ei, dann meinen wir 1 Ei der Größe S.

Nüsse und Samen machen jedes Backwerk saftig und verleihen ihm einen besonders guten Geschmack. Auch hier dürfen Sie das Rezept verändern, wenn Sie entweder keine Walnüsse mögen oder beispielsweise keine Pecannüsse bekommen.

I Schnelle Cookies für eilige Köche

Lust auf Cookies? Machen Sie Ihren Küchenschrank auf; dort finden Sie sicherlich alles, was Sie zum Backen brauchen. In weniger als 1 Stunde sind die köstlichen Cookies fertig und erfreuen Gaumen und Magen.

Erdnuß-Cookies

Für etwa 20 Stück

125 g Butter

75 g Erdnußcreme

150 g Zucker

1 Msp. gem. Muskatblüte (Macis)

1 Ei

100 g gem. ungesalzene Erdnüsse

200 g Mehl Type 550

1 TL Backpulver

Außerdem
3 EL ganze, ungesalzene Erdnüsse

1 Die Butter mit der Erdnußcreme und dem Zucker schaumig rühren. Die Muskatblüte, das Ei und die gemahlenen Erdnüsse hinzufügen und alle Zutaten miteinander vermengen.

2 Das Mehl mit dem Backpulver mischen und über die Mischung sieben. Alles zu einem glatten Teig verarbeiten.

3 Den Teig zu einer Rolle (Ø ca. 3 cm) formen, in Frischhaltefolie wickeln und im Kühlschrank 30 Minuten ruhen lassen.

4 Den Backofen auf 200 °C vorheizen. Ein Backblech mit Backpapier auslegen.

5 Von der Teigrolle 5 mm dicke Scheiben abschneiden und auf das Backblech legen. Die ganzen Erdnüsse grob hacken, über die Teigscheiben streuen und leicht andrücken.

6 Die Cookies im Backofen (Mitte; Gas 3; Umluft 180 °C) etwa 15 Minuten backen.

Bild Seite 12/13

Ingwer-Cookies

Für etwa 35 Stück

125 g Butter

100 g Honig, 2 Eier

150 g brauner Zucker

200 g kandierter Ingwer

100 g Zitronat

1 TL ger. Zitronenschale

1 TL Lebkuchengewürz

100 g gem. Mandeln

350 g Mehl

1 TL Backpulver

200 g Puderzucker

3 EL Zitronensaft

etwas süße Sahne

1 Die Butter schmelzen, dann mit dem Honig, den Eiern und dem Zucker schaumig rühren.

2 Den Ingwer sowie das Zitronat fein hacken und zusammen mit der Zitronenschale, dem Lebkuchengewürz und den Mandeln mit der Butter-Honig-Mischung verrühren.

3 Das Mehl mit dem Backpulver mischen und darüber sieben. Alle Zutaten miteinander verkneten. Den Teig in Frischhaltefolie wickeln und 30 Minuten kühl stellen.

4 Den Backofen auf 180 °C vorheizen. Zwei Backbleche mit Backpapier auslegen. Aus dem Teig etwa 35 gleich große Kugeln formen, auf die Backbleche legen und mit einer Gabel etwas flacher drücken.

5 Die Cookies im Backofen (Mitte; Gas 2; Umluft 160 °C) etwa 20 Minuten backen.

6 Den Puderzucker mit Zitronensaft und etwas Sahne cremig rühren und die Cookies damit bestreichen.

Bild Seite 12/13

Kokosnuß-Cookies

\ Den Rübensirup mit der Butter und dem Zucker bei milder Hitze unter Rühren schmelzen. Anschließend leicht abkühlen lassen.

2 Die Eier, Salz, Zitronenschale und Kokosflocken zur Butter-Zucker-Mischung geben und alles miteinander glattrühren.

3 Das Mehl mit dem Backpulver mischen, über die anderen Zutaten sieben und alles zu einem glatten Teig verkneten.

4 Den Teig zu zwei Rollen (Ø etwa 4 cm) formen, in Frisch-haltefolie wickeln und 30 Minu-ten kühl stellen. Den Backofen auf 180 °C vorheizen. Zwei Backbleche mit Backpapier aus-legen.

5 Von den Teigrollen 5 mm dicke Scheiben abschneiden, auf die Backbleche legen und nacheinander im Backofen (Mitte; Gas 2; Umluft 160 °C) etwa 20 Minuten backen.

Tip

Die Teigscheiben nie zu dicht nebeneinander legen, weil das Gebäck etwas auseinanderläuft.

Für etwa 40 Stück
250 g Rübensirup
500 g Butter
250 g Zucker
2 Eier
$^1/_2$ TL Salz
1 TL ger. Zitronenschale
250 g Kokosflocken
750 g Mehl
1 Pck. Backpulver

Zimt-Cookies

\ Den Backofen auf 180 °C vor-heizen. Zwei Backbleche mit Backpapier auslegen. Den Honig mit Zucker und Butter bei mil-der Hitze schmelzen, anschlie-ßend leicht abkühlen lassen.

2 Eier, Zimt, Kakaopulver, Gewürznelken, Orangenschale und Mandeln zur Butter-Zucker-Mischung geben und alles glatt-rühren.

3 Das Mehl mit dem Backpul-ver mischen und über die anderen Zutaten sieben. An-schließend alles zu einem glat-ten Teig verkneten.

4 Aus dem Teig etwa 30 gleich große Kugeln formen, diese etwas flacher drücken, jeweils 1 Mandel in die Mitte drücken und auf die Backbleche setzen.

5 Die Cookies nacheinander im Backofen (Mitte; Gas 2; Umluft 160 °C) etwa 15 Minu-ten backen.

Für etwa 30 Stück
50 g Honig
250 g Zucker
150 g Butter
3 Eier
1 EL gem. Zimt
1 TL Kakaopulver
1 Msp. Gewürznelken
1 TL ger. Orangenschale
100 g geh. Mandeln
500 g Mehl
2 TL Backpulver

Hafer-Cookies mit Haselnüssen

Für etwa 30 Stück
250 g Butter
300 g kernige Haferflocken
100 g geh. Haselnüsse
100 g Rice Crispies
200 g Zucker
1 Pck. Vanillezucker
1 Msp. Salz
3 Eier
50 g Mehl
1 TL Backpulver

1 Den Backofen auf 200 °C vorheizen. Zwei Backbleche mit Backpapier auslegen.

2 Die Butter in einem großen Topf heiß werden lassen. Sofort die kernigen Haferflocken, die Haselnüsse und die Rice Crispies einrühren. Diese Mischung kalt werden lassen.

3 Inzwischen den Zucker mit dem Vanillezucker, etwas Salz und den Eiern schaumig rühren.

4 Das Mehl mit dem Backpulver mischen, zur Zucker-Eier-Mischung geben und einarbeiten. Die abgekühlte Flockenmischung dazugeben und alles gründlich miteinander vermengen.

5 Mit zwei angefeuchteten Eßlöffeln in großem Abstand Häufchen auf die Backbleche setzen. Im Backofen nacheinander (Mitte; Gas 3; Umluft 180 °C) etwa 12 Minuten backen.

Fruchtige Haferflocken-Cookies

Für etwa 30 Stück
250 g Butter
100 g Zucker
1 Pck. Vanillezucker
1 Msp. Salz
1/2 TL gem. Zimt
3 Eier
250 g Backpflaumen ohne Kern
100 g geh. Walnüsse
300 g kernige Haferflocken
1 TL Backpulver

1 Den Backofen auf 160 °C vorheizen. Zwei Backbleche mit Backpapier auslegen. Die Butter mit Zucker, Vanillezucker, Salz und Zimt schaumig rühren. Nach und nach die Eier dazugeben und weiterrühren.

2 Die Backpflaumen grob hacken und mit den Walnüssen, den Haferflocken und dem Backpulver mischen.

3 Die Haferflockenmischung mit der schaumigen Butter verrühren und mit zwei angefeuchteten Eßlöffeln nicht zu kleine Häufchen auf die Backbleche setzen. Anschließend im Backofen (Mitte; Gas 1; Umluft 140 °C) etwa 25 Minuten backen.

Varianten

Statt mit Backpflaumen können Sie diese fruchtigen Cookies auch mit der gleichen Menge Feigen, Datteln oder Rosinen herstellen.

Hafer-Cookies mit Haselnüssen

Sonnenblumen-Cookies

Für etwa 40 Stück
50 g Rosinen
3 EL Rum
100 g Butter
150 g brauner Zucker
1 Pck. Vanillezucker
1 Ei, 1 Msp. Salz
50 g Sonnenblumen- kerne
40 g getr. Aprikosen
40 g feine Haferflocken
60 g Rice Crispies
100 g Mehl
1/2 TL Backpulver

1 Den Backofen auf 200 °C vorheizen. Zwei Backbleche mit Backpapier auslegen. Die Rosinen grob hacken und mit dem Rum beträufeln. Die Butter schaumig rühren.

2 Den Zucker, Vanillezucker, das Ei und etwas Salz dazugeben und alles miteinander verrühren.

3 Die Sonnenblumenkerne in einer fettfreien Pfanne rösten, bis sie duften. Abkühlen lassen und grob hacken. Die Aprikosen ebenfalls grob hacken.

4 Die eingeweichten Rosinen, die Sonnenblumenkerne, die Aprikosen, die Haferflocken und die Rice Crispies mit der Butter-Zucker-Mischung verrühren.

5 Das Mehl mit dem Backpulver mischen und über die Mischung sieben. Alle Zutaten vermengen und in weitem Abstand kleine Häufchen auf die Backbleche setzen.

6 Die Cookies nacheinander im Backofen (Mitte; Gas 3; Umluft 180 °C) etwa 10 Minuten backen.

Pecannuß-Cookies

Für etwa 20 Stück
150 g Pecannußkerne
200 g Butter
150 g Mehl
50 g Speisestärke
2 TL Backpulver
125 g brauner Zucker
1 Pck. Vanillezucker
2 EL Kakaopulver
1 Msp. gem. Zimt
1 Msp. Salz

1 Den Backofen auf 200 °C vorheizen. Ein Backblech mit Backpapier auslegen. 100 g Pecannußkerne fein mahlen.

2 Die Butter schmelzen und abkühlen lassen, anschließend schaumig rühren. Das Mehl mit Speisestärke und Backpulver mischen, über die Butter sieben und unterrühren.

3 Die gemahlenen Pecannußkerne, Zucker, Vanillezucker, Kakaopulver, Zimt und Salz hinzufügen und verkneten.

4 Aus dem Teig gut walnußgroße Kugeln formen, auf das Backblech setzen und jeweils eine halbe Pecannuß in die Oberfläche drücken.

5 Die Cookies im Backofen (Mitte; Gas 3; Umluft 180 °C) etwa 15 Minuten backen.

Varianten
Die Pecannußkerne können Sie auch durch geschälte Mandeln, Walnüsse oder Haselnüsse ersetzen.

Sonnenblumen-Cookies

Mokka-Cookies

Für etwa 20 Stück

150 g Butter	
80 g Puderzucker	
1 Ei	
1 EL Rum	
1 EL Instant-Kaffeepulver	
50 g gem. Mandeln	
10 g Kakaopulver	
150 g Mehl	
1 Msp. Backpulver	
Für den Guß	
100 g dunkle Schokoladenglasur	
1 TL Instant-Kaffeepulver	

1 Den Backofen auf 200 °C vorheizen. Zwei Backbleche mit Backpapier auslegen. Die Butter mit dem gesiebten Puderzucker und dem Ei sehr schaumig rühren.

2 Den Rum mit dem Kaffeepulver verrühren. Dann mit den Mandeln und dem Kakaopulver zur Butter-Zucker-Mischung geben und vermengen.

3 Das Mehl mit dem Backpulver mischen, über den Teig sieben und verrühren.

4 Alles in einen Spritzbeutel mit weiter Tülle füllen und in großem Abstand kleine Häufchen auf die Backbleche spritzen.

5 Die Cookies nacheinander im Backofen (Mitte; Gas 3; Umluft 180 °C) etwa 10 Minuten backen.

6 Die Schokoladenglasur erwärmen, mit dem Kaffeepulver verrühren und die fertigen Cookies damit überziehen.

Bild Seite 12/13

Walnuß-Cookies mit Rosinen

Für etwa 20 Stück

3 Eiweiß	
250 g Puderzucker	
200 g geh. Walnüsse	
1 Pck. Vanillezucker	
2 EL Kakaopulver	
$1/2$ TL gem. Zimt	
$1/2$ TL ger. Zitronenschale	
50 g Sultaninen	
2 EL Weinbrand	
1 EL Mehl	
Für den Guß	
50 g helle Kuvertüre	
50 g dunkle Kuvertüre	

1 Den Backofen auf 180 °C vorheizen. Ein Backblech mit Backpapier auslegen. Die Eiweiße steif schlagen.

2 Den Puderzucker nach und nach dazusieben, unterrühren und weiterschlagen. Die Walnüsse, den Vanillezucker, das Kakaopulver, Zimt und Zitronenschale vorsichtig unterheben.

3 Die gewaschenen und gut abgetropften Sultaninen mit dem Weinbrand beträufeln, mit dem Mehl mischen und ebenfalls unter den Teig heben.

4 Mit zwei angefeuchteten Eßlöffeln etwa 20 Häufchen auf das Backblech setzen. Die Cookies im Backofen (Mitte; Gas 2; Umluft 160 °C) etwa 15 Minuten backen.

5 Die Kuvertüre grob hacken und helle und dunkle getrennt in kleinen Schüsseln im Wasserbad schmelzen.

6 Die Cookies auf einem Kuchengitter abkühlen lassen und jeweils zur Hälfte in die helle und in die dunkle Kuvertüre tauchen.

Anis-Cookies

1 Den Backofen auf 180 °C vorheizen. Ein Backblech mit Backpapier auslegen.

2 Die Eier mit dem Zucker sehr schaumig schlagen. Den gemahlenen Anis mit dem Mehl, dem Backpulver und dem Salz in einer anderen Schüssel mischen.

3 Die Anissamen grob hacken, zum Mehl geben. Den Eierschaum darüber gießen und alle Zutaten miteinander mischen.

4 Mit zwei angefeuchteten Eßlöffeln kleine Häufchen auf das Backblech setzen. Die Cookies im Backofen (Mitte; Gas 2; Umluft 160 °C) etwa 14 Minuten backen.

Für etwa 20 Stück
2 Eier
150 g Zucker
½ TL gem. Anis
250 g Mehl
½ TL Backpulver
2 Msp. Salz
1 TL Anissamen

Vanille-Cookies

1 Den Backofen auf 180 °C vorheizen. Zwei Backbleche mit Backpapier auslegen. Die Butter mit dem Zucker, Salz und Vanillezucker schaumig rühren. Die Zitronenschale, die ganzen Eier sowie das Eigelb nach und nach hinzufügen und dabei weiterrühren.

2 Das Mehl mit dem Backpulver mischen und über die Butter-Ei-Mischung sieben. Alle Zutaten zu einem glatten Teig verarbeiten. Aus dem Teig etwa 35 gleich große Kugeln formen, etwas flacher drücken und auf die Backbleche legen.

3 Die Cookies nacheinander im Backofen (Mitte; Gas 2; Umluft 160 °C) etwa 15 Minuten backen.

4 Inzwischen den Puderzucker in eine Schüssel sieben und mit dem Vanillezucker mischen. Das Eiweiß schaumig schlagen und zusammen mit wenig Milch zum Puderzucker geben und cremig rühren. Die abgekühlten Cookies mit dem Guß bestreichen und trocknen lassen.

Für etwa 35 Stück
250 g Butter
225 g Zucker
½ TL Salz
2 Pck. Vanillezucker
1 TL ger. Zitronenschale
2 Eier
1 Eigelb
400 g Mehl
1 TL Backpulver
Für den Guß
200 g Puderzucker
1 Pck. Vanillezucker
½ Eiweiß
etwas Milch

Zitronen-Cookies

150 g Butter	
100 g Zucker	
1 EL Rübensirup	
1 Ei	
1 Pck. Vanillezucker	
1 Msp. Salz	
250 g Weizenmehl Type 1050	
½ TL Backpulver	
50 g geh. Zitronat	
2 unbehandelte Zitronen	
Für den Guß	
150 g Puderzucker	

1 Die Butter mit dem Zucker und dem Rübensirup schaumig rühren. Das Ei, den Vanillezucker und Salz dazugeben.

2 Das Mehl mit dem Backpulver mischen und zusammen mit dem Zitronat zu den anderen Zutaten geben und locker mischen.

3 Die Zitronen heiß waschen und abtrocknen. Mit einem Zestenreißer von einer Frucht die Schale abziehen. Oder die Schale dünn mit einem Sparschäler entfernen und in feine Streifen schneiden. Die Schalenstreifen in ganz wenig Wasser 5 Minuten kochen, dann abgießen und beiseite stellen.

4 Die Schale der zweiten Frucht zum Teig reiben. Die Zitrone auspressen und 4 EL Saft zum Teig geben. Alle Zutaten zu einem glatten Teig verkneten.

5 Den Teig zu einer Rolle (Ø etwa 4 cm) formen, in Frischhaltefolie wickeln und 2 Stunden kühl stellen.

6 Den Backofen auf 200 °C vorheizen. Ein Backblech mit Backpapier auslegen. Von der Teigrolle 5 mm dicke Scheiben abschneiden und auf das Backblech legen.

7 Die Cookies im Backofen (Mitte; Gas 3; Umluft 180 °C) etwa 15 Minuten backen.

8 Den Puderzucker in eine kleine Schüssel sieben und mit wenig Zitronensaft cremig rühren.

9 Die Zitronen-Cookies auf einem Kuchengitter auskühlen lassen. Anschließend mit dem Zitronenguß bestreichen und sofort mit einigen Zitronenschalenstreifen bestreuen. Danach trocknen lassen.

Tip

Der Zestenreißer ist ein kleines Gerät, mit dem Sie ganz leicht Schalenstreifen von Zitrusfrüchten abziehen können. Sie erhalten es in gut sortierten Haushaltswarengeschäften.

Zitronen-Cookies

Rosinen–Nuß–Cookies

Für etwa 25 Stück

150 g Honig, 2 Eier
1 EL Zitronensaft
$^1/_2$ TL Lebkuchengewürz
50 g Rum-Rosinen
50 g geh. Mandeln
50 g geh. Pistazien
50 g geh. Kürbiskerne
1 EL geh. Sonnen-blumenkerne
50 g Sesam
150 g Weizen-vollkornmehl
1 TL Backpulver
etwas Puderzucker

1 Den Backofen auf 200 °C vorheizen. Zwei Backbleche mit Backpapier auslegen. Den Honig mit den Eiern, dem Zitronensaft und dem Lebkuchengewürz etwa 5 Minuten schaumig aufschlagen.

2 Die Rumrosinen grob hacken und zusammen mit den gehackten Nüssen und Samen zur Honig-Ei-Mischung geben und unterheben.

3 Das Mehl mit dem Backpulver mischen und mit allen Zutaten zu einem glatten Teig verkneten.

4 Den Teig zu einer Rolle (Ø etwa 4 cm) formen, mit einem scharfen Messer 5 mm dicke Scheiben abschneiden und auf die Backbleche legen.

5 Die Cookies nacheinander im Backofen (Mitte; Gas 3; Umluft 180 °C) etwa 15 Minuten backen. Noch warm mit Puderzucker bestäuben.

Macadamia–Cookies

Für etwa 30 Stück

110 g Butter
60 g Puderzucker
60 g brauner Zucker
1 Ei, 1 Pck. Vanillezucker
280 g Mehl
2 TL Backpulver
200 g geh. ungesalzene Macadamianüsse
100 g Schokoladen-tröpfchen

1 Den Backofen auf 180 °C vorheizen. Zwei Backbleche mit Backpapier auslegen. Die Butter mit Puderzucker, braunem Zucker, Ei und Vanillezucker schaumig rühren.

2 Das Mehl mit dem Backpulver mischen, zur Butter-Ei-Mischung sieben und einarbeiten. Zuletzt die gehackten Nüsse sowie die Schokoladentröpfchen mit dem Teig vermengen.

3 Mit zwei angefeuchteten Eßlöffeln in weitem Abstand kleine Häufchen auf die Backbleche setzen. Die Cookies nacheinander im Backofen (Mitte; Gas 2; Umluft 160 °C) etwa 15 Minuten backen.

Tip

Statt der Macadamia-Nüsse können Sie auch Mandeln oder Haselnüsse verwenden.

Schokoladen-Cookies

\ Den Backofen auf 180 °C vorheizen. Zwei Backbleche mit Backpapier auslegen. Die Butter mit dem Zucker schaumig rühren. Das Ei, den Vanillezucker und das Salz hinzufügen und unterrühren.

2 Das Mehl mit dem Backpulver mischen und zur Butter-Ei-Mischung sieben. Die Haselnüsse in einer fettfreien Pfanne rösten, bis sie duften, abkühlen lassen und grob hacken.

3 Gehackte Haselnüsse und Schokoladentröpfchen mit den anderen Zutaten vermischen.

4 Mit zwei angefeuchteten Teelöffeln in großem Abstand pflaumengroße Häufchen auf die Backbleche setzen und die Cookies nacheinander im Backofen (Mitte; Gas 2; Umluft 160 °C) etwa 15 Minuten backen.

5 Die Cookies im ausgeschalteten Backofen einige Minuten ruhen lassen, dann auf einem Kuchengitter abkühlen lassen.

Für etwa 25 Stück
125 g Butter
100 g Zucker
100 g brauner Zucker
1 Ei
1 Pck. Vanillezucker
2 Msp. Salz
200 g Mehl
$^{1}/_{2}$ TL Backpulver
75 g Haselnüsse
2 Pck. Schokoladentröpfchen (z. B. von Schwartau)

Haferfleks-Cookies mit Ananas

\ Den Backofen auf 190 °C vorheizen. Zwei Backbleche mit Backpapier auslegen. Die Butter cremig rühren, den Zucker, die Eier, das Salz und die abgeriebene Zitronenschale hinzufügen.

2 Die zarten Haferflocken mit dem Backpulver und den gemahlenen Mandeln mischen. Die Ananas fein würfeln, dazugeben und alles mit der Butter-Zucker-Mischung und den Haferfleks vermengen.

3 Mit zwei angefeuchteten Eßlöffeln in weitem Abstand kleine Häufchen auf die Backbleche setzen und die Cookies nacheinander im Backofen (Mitte; Gas 2–3; Umluft 160 °C) etwa 15 Minuten backen.

Varianten

Diese schnellen Cookies können Sie auch mit Haselnüssen und Rosinen oder Walnüssen und Backpflaumen herstellen.

Für etwa 20 Stück
250 g Butter
160 g Zucker
2 Eier
1 Msp. Salz
$^{1}/_{2}$ TL ger. Zitronenschale
180 g zarte Haferflocken
1 TL Backpulver
150 g gem. Mandeln
125 g kandierte Ananas
125 g knusprige Haferfleks

Haselnuß–Cookies mit Kirschen

Für etwa 30 Stück

180 g Butter

250 g Mehl

50 g gem. Haselnüsse

100 g Zucker

2 Eigelb

1 Msp. Salz

2 Eiweiß

100 g geh. Haselnüsse

15 rote Belegkirschen

\ Den Backofen auf 180 °C vorheizen. Zwei Backbleche mit Backpapier auslegen.

2 Die Butter mit dem gesiebten Mehl, den gemahlenen Haselnüssen, dem Zucker, den Eigelben und Salz rasch zu einem glatten Teig verkneten.

3 Aus dem Teig mit leicht bemehlten Händen etwa 30 gleich große Kugeln formen. Die Eiweiße in einem tiefen Teller etwas anschlagen. Die Teigkugeln hineintauchen und anschließend in den gehackten Haselnüssen wenden.

4 Die Cookies auf die Backbleche legen, mit einem angefeuchteten Holzlöffelstiel in jede Teigkugel eine kleine Mulde drücken. Die Kirschen halbieren und jeweils eine Hälfte in die Teigkugeln setzen.

5 Die Cookies nacheinander im Backofen (Mitte; Gas 2; Umluft 160 °C) etwa 12 Minuten backen.

Haselnuß-Cookies mit Kirschen

Warme Sonntags-Cookies

1 Den Backofen auf 200 °C vorheizen. Zwei Backbleche mit Backpapier auslegen. Die Mandeln mit den Haferflocken und den Sonnenblumenkernen in einer Schüssel mischen.

2 Die Eier in einer anderen Schüssel mit dem Honig, der Crème fraîche, dem Mehl, Bittermandelöl, Salz, Zimt und Wasser verrühren.

3 Die Mandel-Haferflocken-Mischung dazugeben und alles miteinander verarbeiten.

4 Mit angefeuchteten Händen etwa 16 gleich große runde Cookies formen und auf die Backbleche setzen.

5 Die Cookies 10 Minuten antrocknen lassen, dann mit der flüssigen Butter bestreichen und im Backofen nacheinander (Mitte; Gas 3; Umluft 180 °C) etwa 15 Minuten backen. Zwischendurch mehrmals mit der flüssigen Butter bestreichen, bis sie aufgebraucht ist.

6 Inzwischen die Sahne steif schlagen, mit dem Zucker und dem Vanillezucker mischen, kühl stellen.

7 Den Joghurt mit dem Honig und der Zitronenschale verrühren und kurz vor dem Servieren die geschlagene Sahne unterziehen.

8 Frische Himbeeren verlesen oder tiefgefrorene auftauen lassen. Die fertigen Cookies auf einem Kuchengitter 15 Minuten auskühlen lassen, dann lauwarm mit der Joghurtsahne und den Früchten anrichten. Nach Belieben mit einigen Melisse-blättchen garnieren.

Tip

Die kernige Mischung aus Mandeln, Haferflocken und Sonnenblumenkernen können Sie durch die gleiche Menge Pistazien, Haferflocken und Pinienkerne ersetzen. Dazu schmecken vorzüglich frische Mango- oder Papayawürfel.

Weihnachtliche Cookies

1 Den Backofen auf 180 °C vorheizen. Zwei Backbleche mit Backpapier auslegen.

2 Den Zucker mit den Eiern und dem Lebkuchengewürz sehr schaumig rühren. Die gehackten Haselnüsse und Mandeln dazugeben und unterheben.

3 Das Mehl mit dem Backpulver mischen. Das Orangeat und das Zitronat sehr fein hacken, mit den Sultaninen und etwas Mehl mischen.

4 Zuerst das Mehl mit dem Backpulver zur Zucker-Ei-Nuß-Mischung sieben und unterrühren, dann die Fruchtmischung ebenfalls einarbeiten. Die Kuvertüre grob raspeln und mit dem Teig mischen.

5 Den Teig zu einer Rolle (Ø etwa 4 cm) formen, mit einem scharfen Messer 5 mm dicke Scheiben abschneiden und auf die Backbleche legen.

6 Das Eigelb mit etwas Wasser verrühren und die Teigoberfläche damit dünn bestreichen. Die Cookies nacheinander im Backofen (Mitte; Gas 2; Umluft 160 °C) etwa 15 Minuten backen.

Für etwa 30 Stück
300 g Zucker
3 Eier
1 TL Lebkuchengewürz
200 g geh. Haselnüsse
100 g geh. Mandeln
200 g Mehl
1 Msp. Backpulver
100 g Orangeat
100 g Zitronat
100 g Sultaninen
100 g dunkle Kuvertüre
Außerdem
1 Eigelb

II Himmlisch süße Donuts, Brownies, Muffins und Bars

Hier kommt der echte große amerikanische Geschmack! Mit unseren Rezepten ist es ganz einfach, köstliche Buns und Scones, locker-leichte Donuts, schokoladenfeine Brownies, würzige Muffins und fruchtig-kernige Bars zu backen.

Rustikale Buns

500 g gekochte Pellkartoffeln (vom Vortag)
125 g Instant-Haferflocken
125 g Mehl
1/2 Würfel Hefe
1 TL Zucker
3 EL warme Milch
2 Eier
50 g Butter
1 TL Salz
Außerdem
1 Eigelb, etwas Milch

1 Die Kartoffeln pellen und mit den Instant-Flocken mischen.

2 Das Mehl in eine Schüssel sieben, mit einem Löffel eine Mulde drücken, die Hefe hineinbröckeln und mit Zucker bestreuen.

3 Die Hefe mit ein wenig Mehl und der warmen Milch glattrühren, 10 Minuten beiseite stellen.

4 Das Hefestück mit etwas Mehl bestreuen, Kartoffelmasse, Eier, Butter und Salz dazugeben und alles verkneten. Noch einmal 30 Minuten gehen lassen.

5 Den Backofen auf 220 °C vorheizen. Zwei Backbleche mit Backpapier auslegen. Den Teig zu etwa 20 Kugeln formen und um die Hälfte flach drücken, dann auf die Backbleche legen und 10 Minuten ruhen lassen.

6 Das Eigelb mit etwas Milch verrühren, die Buns damit bestreichen und im Backofen (Mitte; Gas 4; Umluft 190 °C) etwa 15 Minuten backen.

Bild Seite 30/31

Käse-Chili-Buns

500 g Mehl
3/4 Würfel Hefe (30 g)
1 TL Zucker
250 ml Buttermilch
50 g flüssige Butter
1 Ei
1/2 TL Salz
50 g geh. Pecannußkerne
100 g grob ger. Cheddar
1 geh. rote Chilischote
1 geh. grüne Chilischote

1 Das Mehl in eine Schüssel sieben. Mit einem Löffel eine Mulde drücken, die Hefe hineinbröckeln und den Zucker darüber streuen, mit etwas Mehl und 4 EL warmem Wasser glattrühren, 10 Minuten beiseite stellen.

2 Die Buttermilch mit der Butter, dem Ei und Salz verrühren. Das Hefestück mit etwas Mehl bestreuen, die Buttermilchmischung dazugießen und alles zu einem glatten Teig verkneten.

3 Den Teig 1 Stunde gehen lassen. Den Backofen auf 200 °C vorheizen. Ein Backblech mit Backpapier auslegen.

4 Den gegangenen Teig noch einmal durchkneten. Die Nüsse, den Käse und die Chilies kurz unter den Teig kneten.

5 Aus dem Teig 12 Kugeln formen, flach drücken, kreuzweise einschneiden und auf das Backblech setzen. Nach 10 Minuten mit warmem Wasser bestreichen und etwa 20 Minuten backen (Mitte; Gas 3; Umluft 180 °C).

Bacon-Apfel-Scones

1 Den Backofen auf 180 °C vorheizen. Ein Backblech mit Backpapier auslegen. Den Speck fein würfeln. Die geschälte Zwiebel und die Selleriestange fein würfeln, Selleriegrün fein hacken.

2 Den Speck in einer Pfanne knusprig braten, Zwiebel und Sellerie dazugeben und 3 Minuten schmoren. Den Apfel schälen und entkernen, dann fein würfeln. Mit dem Selleriegrün zur Speck-Zwiebel-Mischung geben und eine weitere Minute mitschmoren, dann beiseite stellen.

3 Das Mehl mit dem Backpulver in eine Schüssel sieben. Salz, Pfeffer, Thymian, Schweineschmalz und die Zwiebel-Speck-Mischung dazugeben, zu einem glatten Teig verarbeiten.

4 Aus dem Teig 8 gleich große Kugeln formen, etwas flach drücken und auf das Backblech legen. Mit etwas Wasser bestreichen. Die Scones im Backofen (Mitte; Gas 2; Umluft 160 °C) etwa 20 Minuten backen.

Tip

Ofenfrisch mit Butter und Apfel- oder Quittengelee servieren.

Für 8 Stück
50 g Frühstücksspeck (Bacon)
1 kleine Zwiebel
1 Stange Staudensellerie mit Grün
1 kleiner fester Apfel
250 g Mehl
2 TL Backpulver
3 Msp. Salz
$1/4$ TL grob geschroteter Pfeffer
$1/2$ TL getrockneter Thymian
30 g Schweineschmalz

Kirsch-Scones

1 Den Backofen auf 200 °C vorheizen. Ein Backblech mit Backpapier auslegen. Die flüssige Butter mit der Buttermilch und den getrockneten Kirschen verrühren.

2 Das Mehl mit dem Backpulver und dem Natron in eine Schüssel sieben. Salz, Zucker sowie Orangenschale dazugeben und die Buttermilch mit den Kirschen darüber gießen.

3 Alle Zutaten zu einem weichen Teig verarbeiten und auf Frischhaltefolie zu einer etwa 2,5 cm dicken Teigplatte flach drücken. Davon 8 Kreise von etwa 5–6 cm ausstechen und auf das Backblech legen.

4 Die Scones mit etwas Sahne bestreichen und im Backofen (Mitte; Gas 3; Umluft 180 °C) etwa 15 Minuten backen.

Bild Seite 30/31

Für 8 Stück
60 g flüssige Butter
180 ml Buttermilch
125 g getrocknete Kirschen (Reformhaus)
250 g Mehl
$1 1/2$ TL Backpulver
$1/2$ TL Natron, $1/2$ TL Salz
4 EL brauner Zucker
1 TL ger. Orangenschale
3 EL Sahne

Donuts

1 Die Milch mit 150 ml Wasser erwärmen und die Butter darin schmelzen lassen. Den Vanillezucker und die abgeriebene Zitronenschale hinzufügen.

2 Das Mehl in eine Schüssel sieben. Mit einem Löffel eine Mulde drücken und die Hefe hineinbröckeln. 1 TL Zucker darüber streuen und mit etwas lauwarmem Wasser die Hefe mit ein wenig Mehl vom Rand glattrühren.

3 Die Schüssel für 10 Minuten beiseite stellen. Das gegangene Hefestück mit etwas Mehl bestäuben, Zucker, Salz und Eier sowie die Milch-Butter-Mischung dazugeben und alle Zutaten zu einem glatten Teig verkneten.

4 Den gegangenen Teig zu einer Kugel formen, in die Schüssel legen, abdecken und 1 Stunde gehen lassen.

5 Den Teig noch einmal durchkneten und auf Frischhaltefolie etwa 2,5 cm dick ausrollen. Mit einem runden Ausstecher (Ø 7 bis 8 cm) Kreise ausstechen. Mit einem Apfelausstecher oder einem ähnlichen Gerät in der Mitte der Kreise ein Loch ausstechen.

6 Die ausgestochenen Teigringe abgedeckt noch einmal 15 Minuten gehen lassen. Inzwischen das Fett in einer Friteuse oder in einem hohen Kochtopf auf 190 °C erhitzen.

7 Höchstens 4 Donuts auf einmal ins Fett geben und etwa 2 bis 3 Minuten goldgelb fritieren, zwischendurch einmal wenden. Die Donuts auf Küchenpapier entfetten und auf Kuchengittern abkühlen lassen.

8 Die Donuts mit gesiebtem Puderzucker, mit flüssigem Honig oder mit einer Mischung aus Zucker und Zimt garnieren.

Varianten

Donuts können auch wie folgt verziert werden: Mandelblättchen in einer fettfreien Pfanne goldgelb rösten. Kuvertüre verflüssigen. Einige Donuts mit der Kuvertüre bestreichen und mit Zuckerstreuseln, Mandelblättchen oder Kokosflocken bestreuen.
Oder den gesiebten Puderzucker mit etwas Zitronensaft cremig rühren. Einige Donuts damit bestreichen und nach Belieben verzieren.

Donuts

Brownies mit schwarzen Nüssen

125 g Butter
65 g geh. Zartbitter-Schokolade
200 g brauner Zucker
2 Eier
2 Msp. Salz
1 Pck. Vanillezucker
65 g Mehl
100 g geh. schwarze kandierte Walnüsse (oder 100 g Walnußkerne)
Für den Guß
50 g Butter
250 g Puderzucker
1 Pck. Vanillezucker
1/2 TL ger. Zitronenschale
1 EL Espresso (oder starker Kaffee)
Außerdem
Butter für die Form

1 Den Backofen auf 180 °C vorheizen. Eine eckige Backform (etwa 24 x 24 cm) mit Butter einfetten.

2 Die Butter mit der Schokolade bei milder Hitze schmelzen, den Zucker dazugeben und so lange rühren, bis sich der Zucker aufgelöst hat.

3 Die Butter-Zucker-Mischung abkühlen lassen. Eier, Salz und Vanillezucker hinzufügen und alles schaumig rühren. Das Mehl darüber sieben, 60 g gehackte Walnüsse darüber streuen und alles zu einem glatten Teig verarbeiten.

4 Den Teig in die eingefettete Form füllen und glattstreichen. Im Backofen (Mitte; Gas 2; Umluft 160 °C) etwa 20 Minuten backen.

5 Inzwischen für den Guß die Butter mit dem gesiebten Puderzucker schaumig rühren, Vanillezucker und Zitronenschale sowie den Espresso dazugeben und cremig rühren.

6 Die gebackene Teigplatte auskühlen lassen, dann mit dem Guß bestreichen, in etwa 4 x 4 cm große Stücke schneiden und mit den restlichen Nüssen garnieren.

Bild Seite 30/31

Beschwipste Brownies

1 Den Backofen auf 160 °C vorheizen. Eine eckige Backform (etwa 24 x 24 cm) mit Butter einfetten. Die Kuvertüre grob hacken und bei milder Hitze schmelzen.

2 Das Mehl mit dem Backpulver in eine Schüssel sieben und mit Salz und Vanillezucker mischen. Den kalten Espresso mit dem Whisky verrühren.

3 Die Butter mit Eiern und Zucker schaumig rühren. Die Kuvertüre einrühren. Abwechselnd Espresso und Mehl dazugeben.

4 Den Teig in die eingefettete Form gießen, glattstreichen und im Backofen (Mitte; Gas 2; Umluft 150 °C) etwa 30 Minuten backen. Nach dem Abkühlen in etwa 4 x 4 cm große Quadrate schneiden und mit etwas Puderzucker bestäuben.

Für etwa 36 Stück

400 g dunkle Kuvertüre

250 g Mehl

1 TL Backpulver

2 Msp. Salz

1 Pck. Vanillezucker

375 ml Espresso
(oder starker Kaffee)

125 ml Whisky

200 g Butter, 3 Eier

300 g brauner Zucker

Puderzucker

Amaretti-Brownies

1 Die gehackten Mandeln unter Rühren in einer fettfreien Pfanne rösten, bis sie duften, dann abkühlen lassen. Den Backofen auf 180 °C vorheizen.

2 Die Kuvertüre grob hacken und bei milder Hitze schmelzen. Die abgekühlten Mandeln mit den grob zerkleinerten Amaretti und dem Mehl mischen.

3 Eine eckige Form (etwa 20 x 20 cm) mit etwas Butter einfetten. Die restliche Butter mit dem Zucker und den Eiern sehr schaumig rühren; mit dem Bittermandelöl würzen.

4 Die Kuvertüre einrühren und zum Schluß die Mandel-Amaretti-Mischung unterheben.

5 Den Teig in die Form füllen und im Backofen (Mitte; Gas 2; Umluft 160 °C) etwa 20 Minuten backen. In der Form auskühlen lassen und in etwa 16 gleich große Quadrate schneiden.

Tip

Sie können auch das normale Backblech verwenden. In diesem Fall aus mehreren Lagen Alufolie einen Streifen in Backblechlänge falten.

Für etwa 16 Stück

100 g geh. Mandeln

150 g dunkle Kuvertüre

150 g Amaretti (italienische Mandelplätzchen)

60 g Mehl

120 g Butter

150 g brauner Zucker

3 Eier

3 Tropfen
Bittermandelöl

Außerdem

Butter für die Form

Marzipan-Amerikaner

100 g Butter
100 g Marzipanrohmasse
50 g Zucker
1 Pck. Vanillezucker
3 TL Backpulver
75 g Speisestärke
175 g Mehl
2 Eier
$1/2$ TL ger. Zitronenschale
8 EL Milch
75 g Marzipanrohmasse
150 g Puderzucker
Schokostreusel

1 Den Backofen auf 200 °C vorheizen. Ein Backblech mit Backpapier auslegen. Die Butter und die Marzipanrohmasse in Stücke schneiden und glattrühren. Zucker, Vanillezucker und die Eier hinzufügen und alles gut miteinander vermengen.

2 Das Mehl mit der Speisestärke und dem Backpulver mischen und zur Butter-Marzipan-Masse sieben. Die Zitronenschale und etwas Milch hinzufügen und alle Zutaten zu einem glatten Teig verarbeiten.

3 Mit zwei angefeuchteten Eßlöffeln 12 gleich große Häufchen auf das Backblech setzen und im Backofen (Mitte; Gas 3; Umluft 180 °C) etwa 15 Minuten backen.

4 Für den Guß 5 EL Milch mit der Marzipanrohmasse und dem gesiebten Puderzucker glattrühren. Die glatte Seite der abgekühlten Amerikaner damit bestreichen und sofort jeden Amerikaner zur Hälfte mit Schokostreuseln bestreuen.

Bananen- und Ananas-Muffins

125 g Butter, 2 Eier
150 g Zucker
2 Msp. Salz, 350 g Mehl
2 TL Backpulver
1 Dose Ananas (255 g Einwaage)
40 g kandierte Ananasstückchen
2 mittelgroße Bananen
30 g Bananenchips
50 g Rosinen
1 TL Kakaopulver
3 TL feiner Zucker

1 Den Backofen auf 200 °C vorheizen. Die Butter leicht bräunen und abkühlen lassen. Dann mit den Eiern, Zucker und Salz schaumig rühren.

2 Das Mehl mit dem Backpulver mischen, zur Butter-Ei-Mischung sieben und alle Zutaten zu einem glatten Teig verarbeiten. Den fertigen Teig auf zwei Schüsseln verteilen.

3 Die Ananasscheiben kleinschneiden, ebenso die kandierten Ananasstücke.

4 Die Ananasstücke in eine Teigschüssel geben und mischen. Die Bananen grob mit einer Gabel zerdrücken, die Bananenchips zerkrümeln. Beides mit den Rosinen in die andere Teigschüssel geben und mischen.

5 Die Teige getrennt in 24 Papierförmchen füllen. Die Muffins im Backofen (Mitte; Gas 3; Umluft 180 °C) etwa 20 Minuten backen. Noch warm leicht mit Kakaopulver und Zucker bestäuben.

Bananen- und Ananas-Muffins

Möhren-Muffins

Für 12 Stück

100 g Möhren

75 g gem. Haselnüsse

125 g Butter

125 g Zucker

2 Msp. gem. Zimt

1 Msp. Salz

2 Eier

100 g Mehl

50 g Speisestärke
(z. B. Mondamin)

1 TL Backpulver

Für den Guß

80 g Puderzucker

2 EL Orangensaft

Außerdem

Butter für die Form

100 Marzipanrohmasse

2 EL Puderzucker

rote und gelbe
Lebensmittelfarbe

grüner Gebäckschmuck

1 Den Backofen auf 180 °C vorheizen. Die Möhren mit einem Sparschäler schälen und fein reiben. Die Haselnüsse in einer fettfreien Pfanne rösten, bis sie duften.

2 Die Butter mit dem Zucker, dem Zimt und dem Salz sehr schaumig rühren. Nach und nach die Eier hinzufügen und weiterrühren.

3 Das Mehl mit der Speisestärke und dem Backpulver mischen und zur Butter-Ei-Mischung sieben. Die Möhren und die Haselnüsse dazugeben und alles zu einem glatten Teig verarbeiten.

4 Den Teig in eine eingefettete Muffin-Form oder in 12 Papierförmchen füllen. Die Muffins im Backofen (Mitte; Gas 2; Umluft 160 °C) etwa 30 Minuten backen.

5 Inzwischen für den Guß den Puderzucker sieben und mit etwas Orangensaft cremig rühren. Die Marzipanrohmasse mit dem gesiebten Puderzucker verkneten und mit etwas roter und gelber Lebensmittelfarbe orangerot färben.

6 Aus dem orangeroten Marzipan 12 kleine Möhren formen und mit einem Messer einige Einschnitte anbringen. Das dickere Ende jeweils mit grünem Gebäckschmuck verzieren.

7 Die abgekühlten Muffins mit dem Guß bestreichen. Jeweils eine Marzipanmöhre darauf setzen und fest werden lassen.

Tip

Statt des grünen Gebäckschmucks können Sie halbierte Pistazien in das dickere Ende der Marzipanmöhre stecken.

Möhren-Muffins

Orangen-Muffins

Für 12 Stück

3 Eier

150 g Butter

125 g Zucker

100 g kernige Haferflocken

100 g Mehl

2 TL Backpulver

75 g geh. Walnüsse

4 ungespritzte Orangen

Für den Guß

150 g Aprikosenkonfitüre

1 Den Backofen auf 180 °C vorheizen. Die Eier trennen, Eigelbe, Butter und Zucker schaumig rühren.

2 Die Haferflocken mit dem Mehl, dem Backpulver und den Walnüssen mischen und unter die Butter-Zucker-Mischung kneten. Die Eiweiße steif schlagen und in den Teig einarbeiten.

3 Die Orangen heiß abwaschen und trockenreiben. Die Schale abreiben und die Hälfte davon rasch mit dem Teig mischen. Die andere Hälfte der abgeriebenen Orangenschale mit der Konfitüre verrühren.

4 Die Orangen schälen, dabei auch die weiße, bittere Haut entfernen. Mit einem scharfen Messer zwischen die Trennwände schneiden und so die Früchte filetieren.

5 Die Hälfte der Orangenfilets kleinschneiden und unter den Teig heben. Den Teig in Papierförmchen füllen und mit den restlichen Orangenfilets belegen. Die Muffins im Backofen (Mitte; Gas 2; Umluft 160 °C) etwa 30 Minuten backen.

6 Inzwischen die Aprikosenkonfitüre mit der Orangenschale leicht erwärmen. Die gebackenen Muffins abkühlen lassen und mit der Konfitüre bestreichen.

Ananas-Bars

1 Eine rechteckige Backform (etwa 20 x 30 cm) oder ein kleines Backblech mit Butter einfetten. Für den Teig das Mehl mit Salz, Butter, Ei, Zucker, Zitronenschale und Eiswasser rasch zu einem glatten Teig verarbeiten.

2 Den Teig zu einer Kugel formen und diese abgedeckt 30 Minuten kühl stellen. Inzwischen den gesiebten Puderzucker mit dem Frischkäse, der sauren Sahne, dem Ei und etwas Zitronenschale glattrühren.

3 Den gekühlten Teig zwischen Frischhaltefolie dünn ausrollen und in die eingefettete Form legen. Den Teig mit einer Gabel mehrmals einstechen, dann mit der Frischkäsecreme bestreichen.

4 Den Backofen auf 180 °C vorheizen. Die Ananas der Länge nach vierteln, das Fruchtfleisch von der Schale lösen und den harten Strunk sowie die dunklen Augen herausschneiden. 350 g Fruchtfleisch abwiegen, kleinschneiden und in einem Sieb abtropfen lassen.

5 Den Zucker in einem schweren Topf so lange erhitzen, bis er geschmolzen ist und eine goldgelbe Farbe angenommen hat. Nun das Ananasfruchtfleisch zum Karamel geben und bei milder Hitze 10 Minuten köcheln lassen.

6 Die Speisestärke mit etwas kaltem Wasser anrühren, zur Ananas geben und unter Rühren cremig einkochen. Die Ananascreme etwas abkühlen lassen, dann auf den Frischkäse streichen und den oberen Rand mit den Kokosflocken bestreuen.

7 Den Kuchen im Backofen (Mitte; Gas 2; Umluft 160 °C) etwa 40 Minuten backen, leicht auskühlen lassen und in etwa 24 gleich große Rechtecke schneiden.

Variante

Statt der frischen Ananas können Sie auch die gleiche Menge Dosen-Ananas verwenden. In diesem Fall das zerkleinerte Fruchtfleisch sehr gut abtropfen lassen.

Für etwa 24 Bars
Für den Teig
250 g Mehl
2 Msp. Salz
150 g kalte Butter
1 kleines Ei
2 EL Zucker
etwas ger. Zitronenschale
2–3 EL Eiswasser (aus Eiswürfeln)
Für die Füllung
80 g Puderzucker
200 g Doppelrahm-Frischkäse
3 EL saure Sahne
1 Ei
etwas ger. Zitronenschale
1 große Ananas
175 g Zucker
1 EL Speisestärke
Außerdem
Butter für die Form
3 EL Kokosflocken

Apfel-Pecannuß-Bars

Für etwa 24 Bars

60 g Butter
100 g brauner Zucker
1 Ei
1 Eigelb
3 Msp. Salz
1 Pck. Vanillezucker
1 TL gem. Zimt
1 TL Lebkuchengewürz
250 g ungesüßtes Apfelmus
300 g Mehl
1 TL Backpulver
3 Golden Delicious-Äpfel
50 g geh. Pecannußkerne

Für den Belag

200 g Zucker
3 TL Butter
1 TL Mehl
125 g grob geh. Pecannußkerne

Außerdem

Butter für die Form

1 Den Backofen auf 180 °C vorheizen. Eine rechteckige Backform (etwa 20 x 30 cm) oder ein kleines Backblech mit etwas Butter einfetten.

2 Die Butter mit dem Zucker, Ei, Eigelb, Salz, Vanillezucker, Zimt und Lebkuchengewürz sehr schaumig rühren. Das Apfelmus unterheben.

3 Das Mehl mit dem Backpulver mischen, zur Butter-Ei-Mischung sieben und alles miteinander vermengen. Die Äpfel schälen, entkernen und in 1 x 1 cm große Würfel schneiden. Zusammen mit den Nüssen zum Teig geben und gut mischen.

4 Den Teig in die eingefettete Form füllen und glattstreichen. Für den Belag den Zucker in einem schweren Topf schmelzen, bis er eine goldgelbe Farbe angenommen hat.

Die Butter, das Mehl und die gehackten Pecannußkerne hinzufügen und rasch verrühren, dann auf den Teig streichen.

5 Den Kuchen im Backofen (Mitte; Gas 2; Umluft 160 °C) etwa 30 Minuten backen, dann in der Form etwas auskühlen lassen und in etwa 24 gleich große Rechtecke schneiden.

Varianten

Statt der Pecannußkerne können Sie auch Walnüsse, Mandeln oder Haselnüsse verwenden. Apfelmus und Äpfel lassen sich gut durch Aprikosenmus und frische Aprikosen ersetzen.

Apfel-Pecannuß-Bars

Ingwer-Bars

1 Den Backofen auf 180 °C vorheizen. Eine rechteckige Backform (etwa 20 x 30 cm) oder ein kleines Backblech mit etwas Butter einfetten.

2 Das Mehl mit dem Backpulver in eine Schüssel sieben, Zucker, gemahlenen Ingwer, Salz und Butter hinzufügen und alles rasch zu einem glatten Teig verkneten.

3 Den in Sirup eingelegten Ingwer gut abtropfen lassen, dann fein würfeln und kurz unter den Teig kneten.

4 Den Teig zwischen Frischhaltefolie ausrollen, in die eingefettete Form legen und im Backofen (Mitte; Gas 2; Umluft 160 °C) etwa 20 Minuten backen.

5 Inzwischen für den Guß den Puderzucker in eine Schüssel sieben, 1 TL Ingwersirup und etwas Zitronensaft dazugeben und alles cremig rühren.

6 Den Ingwer zuerst in Scheiben, dann in schmale Streifen schneiden. Die Pistazien fein hacken.

7 Die Ingwer-Bars in der Form abkühlen lassen, dann in etwa 24 Rechtecke schneiden. Jedes Rechteck mit etwas Guß bestreichen und mit Ingwerstreifen und gehackten Pistazien bestreuen.

Tip

Frischen Ingwer erhalten Sie im Gewürz- oder Gemüsehandel. Zum Backen eignet sich allerdings eher der in Sirup eingelegte Ingwer oder auch kandierter Ingwer ohne Schokoladenüberzug.

Varianten

Falls Ihnen der Ingwer zu scharf ist, können Sie für dieses Rezept auch kandierte Ananasstückchen oder kandierte Orangenscheiben verwenden.

Gefüllte Zitronen-Bars

1 Den Backofen auf 180 °C vorheizen. Eine rechteckige Form (etwa 20 x 30 cm) oder ein kleines Backblech mit Butter einfetten. Das Mehl mit dem Zucker, dem Salz, der Butter und dem Vanillezucker rasch zu einem glatten Teig verkneten.

2 Den Teig zwischen Frischhaltefolie ausrollen und in die eingefettete Form legen. Im Backofen (Mitte; Gas 2; Umluft 160 °C) 15 Minuten vorbacken.

3 Inzwischen die Kuvertüre grob hacken und bei milder Hitze verflüssigen. Dann auf den vorgebackenen Teigboden streichen und 30 Minuten kühl stellen.

4 Inzwischen die Eier mit dem Zucker sehr schaumig rühren, das Mehl, die Zitronenschale und den Zitronensaft hinzufügen und alles vermengen. Den Belag auf die Schokolade streichen und den Kuchen im Backofen weitere 15 bis 20 Minuten backen.

5 Den Kuchen in der Form leicht abkühlen lassen, in etwa 24 Rechtecke schneiden und diese mit etwas Puderzucker bestäuben.

Für etwa 24 Bars
300 g Mehl
100 g Zucker
$^1/_4$ TL Salz
200 g kalte Butter
1 Pck. Vanillezucker
Für den Belag
35 g dunkle Kuvertüre
4 Eier
200 g Zucker
60 g Mehl
1 EL ger. Zitronenschale
150 ml frisch gepreßter Zitronensaft
Außerdem
Butter für die Form
etwas Puderzucker

III

Raffinierte Bagels für den ausgefallenen Geschmack

Bagels, diese typischen amerikanischen Brotkringel, finden auch bei uns immer mehr Freunde. Sie schmecken pur, bestrichen mit Butter und Marmelade oder ganz klassisch: üppig und phantasievoll belegt.

Bagels

1 Die Milch erwärmen und die Butter darin schmelzen. Das Mehl in eine Schüssel sieben. Mit einem Löffel eine Mulde ins Mehl drücken und die Hefe hineinbröckeln. Den Zucker und 3 EL lauwarmes Wasser dazugeben und die Hefe mit ein wenig Mehl vom Rand glattrühren.

2 Die Schüssel abdecken und 10 Minuten beiseite stellen. Zwei Backbleche mit Backpapier auslegen.

3 Das gegangene Hefestück mit etwas Mehl bestäuben. Das Salz an den Rand streuen. Ein ganzes Ei und ein Eiweiß zum Mehl geben; das Eigelb beiseite stellen. Die lauwarme Milch-Butter-Mischung dazugießen und alle Zutaten zu einem glatten Teig verkneten. Das dauert etwa 10 Minuten.

4 Den Teig wieder in die Schüssel legen, abdecken und etwa 1 Stunde ruhen lassen. Dann in einem großen Topf etwa 3 Liter Wasser zum Kochen bringen, Salz und Zucker einstreuen.

5 Den Teig nochmals durchkneten und in etwa 14 gleich große Stücke teilen. Die Teigstücke zu einer dicken Wurst rollen und diese um den Daumen wickeln. Die Enden mit etwas Wasser fest zusammendrücken. Oder abgeflachte Kugeln formen und mit einem feuchten Kochlöffelstiel in die Mitte ein Loch bohren.

6 Den Backofen auf 200 °C vorheizen. Die Bagels noch einmal 10 Minuten abgedeckt ruhen lassen. Dann nacheinander für 1 Minute in heißem, aber nicht kochendem Wasser aufgehen lassen. Die Bagels auf die beiden Backbleche legen.

7 Das übrige Eigelb mit einigen Tropfen Wasser mischen und die Bagels damit bestreichen. Nacheinander im Backofen (Mitte; Gas 3; Umluft 180 °C) in etwa 20 Minuten goldgelb backen.

Varianten

Sie können die mit Eigelb bestrichenen Bagels auch mit Mohn, Sesam, Kümmel, Sonnenblumen- oder Kürbiskernen oder getrockneten Kräutern bestreuen. Weitere Variationsmöglichkeiten finden Sie bei den Rezepten.

Bagels

Bagels mit Hack, Ei und Speck

1 Den Bagelteig wie auf Seite 50 beschrieben herstellen. In den gegangenen Teig aber die gewürfelte und in Butterschmalz braun gebratene Zwiebel einarbeiten. Die Bagels fertigstellen wie auf Seite 50 beschrieben.

2 Das Hackfleisch mit Salz, Pfeffer, Zwiebel, Knoblauch, Ei und Senf vermischen und 4 gleich große Frikadellen formen. Die Frikadellen in heißem Butterschmalz auf beiden Seiten etwa 10 Minuten braten und warm halten.

3 Währenddessen die Zwiebel-Bagels halbieren und im Toaster aufbacken oder im vorgeheizten Backofen bei 160 °C (Mitte; Gas 1; Umluft 140 °C) etwa 5 Minuten aufbacken.

4 Auf jede Bagel-Hälfte 1 Salatblatt legen. Die Tomate in 4 Scheiben schneiden, jeweils 1 Scheibe auf die Salatblätter legen. Die Butter in einer großen Pfanne erhitzen und 4 Spiegeleier braten. Den Bacon in einer anderen Pfanne auf beiden Seiten knusprig braten.

5 Die heißen Frikadellen auf die Tomatenscheiben legen, darüber jeweils 1 Spiegelei und 2 Speckstreifen geben und mit Petersilie garnieren.

Bagels mit Leber, Zwiebeln und Äpfeln

1 Die Bagels wie auf Seite 50 beschrieben herstellen und vor dem Backen mit Eigelb bestreichen.

2 Die geschälte Zwiebel in feine Ringe schneiden und in 2 EL Butter bei mittlerer Hitze braun braten und warm halten.

3 Übrige Butter in der Pfanne erhitzen. Den Apfel mit dem Apfelausstecher entkernen und in 4 gleich dicke Ringe schneiden. In die Pfanne zur heißen Butter geben und mit dem Wein ablöschen. Bei mittlerer Hitze etwa 5 Minuten auf beiden Seiten weich schmoren, dann warm halten.

4 Die Leber waschen, trockentupfen und beidseitig mit Mehl bestäuben, dann in heißem Butterschmalz auf jeder Seite 3 bis 5 Minuten braten. Mit Salz, Pfeffer und Thymian würzen.

5 Inzwischen die Bagels halbieren und im Toaster oder im heißen Backofen (siehe Seite 52, Schritt 3) aufbacken. Jede Hälfte mit 1 Blatt Radicchio, Apfelringen, Leber und Zwiebelringen belegen und nach Belieben mit etwas saurer Sahne oder Ketchup und Schnittlauch garnieren.

Für 4 belegte Hälften
2 Bagels
Für den Belag
1 große Zwiebel
4 EL Butter
1 großer, fester Apfel
$^{1}/_{2}$ Glas (60 ml) Weißwein
400 g Leber (Kalb, Schwein, Rind oder Geflügel)
2 EL Mehl
3 EL Butterschmalz zum Braten
Salz
Pfeffer aus der Mühle
$^{1}/_{2}$ TL getrockneter Thymian
4 große Radicchioblätter
4 EL saure Sahne (oder Ketchup)
1 Bund Schnittlauch

Bagels mit Hähnchen, Ananas und Curry

4 Sesam-Bagels

Für den Belag

400 g Hähnchenbrustfilet

Salz

Cayennepfeffer

Kreuzkümmel (Cumin)

3 EL Butterschmalz

4 Scheiben Ananas (aus der Dose)

$^1/_4$ Kopf Endiviensalat

4 Frühlingszwiebeln

8 EL Currysauce (Fertigprodukt)

\ Die Bagels wie auf Seite 50 beschrieben herstellen. Vor dem Backen mit Eigelb bestreichen und mit Sesam bestreuen.

2 Das Filet waschen, trockentupfen und in 4 gleich große Stücke schneiden. Mit Salz, Cayennepfeffer und Kreuzkümmel bestreuen und in heißem Butterschmalz auf jeder Seite bei mittlerer Hitze 2 bis 3 Minuten braten. Die abgetropften Ananasscheiben dazugeben und kurz mit erwärmen.

3 Inzwischen die Bagels halbieren und im Toaster oder im heißen Backofen (siehe Seite 52, Schritt 3) aufbacken. Den gewaschenen Salat in Streifen, die geputzten Frühlingszwiebeln in feine Ringe schneiden.

4 Salatstreifen und Zwiebelringe auf den Bagels verteilen, Fleisch und Ananas darüber legen und mit Currysauce überziehen. Die Bagels zusammensetzen.

Bagels mit Hähnchen, Ananas und Curry

Bagels mit Rinderbraten und Meerrettich

Für 4 Stück
4 Mohn-Bagels
Für die Füllung
4 EL Mayonnaise
2 EL saure Sahne
2 EL ger. Meerrettich
1 fester Apfel
4 Salatblätter
8 Scheiben Rinderbraten
4 kleine Gewürzgurken
4 TL Kapern
1 Bund Schnittlauch

1 Die Bagels wie auf Seite 50 beschrieben herstellen. Vor dem Backen mit Eigelb bestreichen und mit Mohn bestreuen.

2 Die Mayonnaise mit der sauren Sahne und dem Meerrettich mischen. Den Apfel grob raspeln und die Hälfte mit der Meerrettichmayonnaise verrühren.

3 Inzwischen die Bagels halbieren und im Toaster oder im heißen Backofen (siehe Seite 52, Schritt 3) aufbacken.

4 Je 1 Salatblatt auf die Bagel-Unterseite legen und mit etwas Meerrettichmayonnaise bestreichen. Jeweils 2 Scheiben Braten darüber legen und mit dem restlichen geraspelten Apfel bestreuen.

5 Die Gewürzgurken schräg in dünne Scheiben schneiden und die Bagels mit Gurkenscheiben, Kapern sowie Schnittlauchhalmen garnieren. Mit der Bagel-Oberseite abdecken.

Bild Seite 48/49

Bagels mit überbackenen Steaks

Für 4 Stück
4 Kräuter-Bagels
Für die Füllung
1 Zwiebel
40 g Räucherspeck
200 g gr. Champignons
Salz, Pfeffer
1 EL Crème fraîche
4 Filetsteaks (à 125 g)
2 EL Butterschmalz
60 g ger. Cheddar
4 Stiele Petersilie
4 EL Tomatenketchup

1 Die Bagels wie auf Seite 50 beschrieben herstellen. Vor dem Backen mit Eigelb bestreichen und mit Kräutern bestreuen.

2 Die Zwiebel schälen und fein würfeln, ebenso den Speck. Beides weich schmoren. Den Backofen auf 200 °C vorheizen.

3 Die Pilze in dünne Scheiben schneiden. Zur Zwiebel-Speck-Mischung geben und bißfest schmoren. Mit Salz, Pfeffer und mit Crème fraîche verrühren, dann warm halten.

4 Das Fleisch kurz abwaschen, trockenreiben und mit Salz und Pfeffer einreiben. Die Steaks in heißem Butterschmalz auf beiden Seiten insgesamt etwa 5 Minuten braten.

5 Die Bagels halbieren, die Pilze auf den Unterseiten verteilen, die Steaks darüber legen und mit dem geriebenen Käse bedecken. Im Backofen (Mitte; Gas 3; Umluft 180 °C) etwa 4 Minuten überbacken. Mit Petersilie garnieren und mit etwas Tomatenketchup begießen.

Bagels mit Kräuter-Rührei

1 Die Bagels wie auf Seite 50 beschrieben herstellen. Vor dem Backen mit Mohn bestreuen.

2 Die Salatblätter waschen, die Tomaten in 4 gleich große Scheiben schneiden, den Rest fein würfeln und mit der Chilisauce verrühren. Die Eier mit Milch, Salz und Cayennepfeffer verrühren. Die Knoblauchzehen in der Butter erhitzen.

3 Die verquirlten Eier mit den Kräutern mischen und als Rührei in der heißen Knoblauchbutter backen. Inzwischen die Bagels halbieren und im Toaster oder im heißen Backofen (siehe Seite 52, Schritt 3) aufbacken.

4 Jeweils 1 Salatblatt und 1 Tomatenscheibe auf die Bagel-Unterseiten legen, das Rührei darüber verteilen, mit der Chilisauce begießen und mit der Bagel-Oberseite abdecken.

Für 4 Stück
4 Mohn-Bagels
Für die Füllung
4 Salatblätter
2 große Tomaten
5 EL Chilisauce (Fertigprodukt)
10 Eier, 5 EL Milch
Salz
Cayennepfeffer
2 geh. Knoblauchzehen
5 EL Butter
8 EL geh. Kräuter

Bagels mit schwarzen Bohnen und Mango

1 Die Bagels wie auf Seite 50 beschrieben herstellen. Vor dem Backen mit Eigelb bestreichen und mit Sesam bestreuen.

2 Die Bohnen über Nacht einweichen, am folgenden Tag abgießen und in der Brühe in etwa 1 ½ Stunden weich kochen. Dann abgießen und mit kaltem Wasser abbrausen.

3 Die Frühlingszwiebeln putzen und kleinschneiden, die Tomate, die Paprikaschote und die geschälte Mango würfeln, die Chilischote fein hacken. Alles mit den Bohnen mischen und mit Salz, Olivenöl und Zitronensaft vermengen.

4 Während die Bohnen durchziehen, die Bagels halbieren und im Toaster oder im heißen Backofen (siehe Seite 52, Schritt 3) aufbacken. Dann mit den Bohnen belegen und mit Koriandergrün oder Petersilie und etwas saurer Sahne garnieren.

Bild Seite 48/49

Für 4 belegte Hälften
2 Sesam-Bagels
Für den Belag
100 g schwarze Bohnen
¾ l Gemüsebrühe
2 Frühlingszwiebeln
1 Tomate
½ gelbe Paprikaschote
1 kleine Mango
1 rote Chilischote
Salz, 3 EL Olivenöl
2 EL Zitronensaft
4 Stiele Koriandergrün
4 EL saure Sahne

Bagels mit Tomate, Mozzarella und Schinken

Für 4 belegte Hälften

2 Kräuter-Bagels
Für den Belag
2 Kugeln Mozzarella (je 125 g)
2 Fleischtomaten
Salz
Pfeffer aus der Mühle
8 Scheiben Parma-Schinken
4 Stiele Basilikum
100 g grüne und schwarze Oliven
2 EL Olivenöl
1 EL Balsamessig

1 Die Bagels wie auf Seite 50 beschrieben herstellen. Vor dem Backen mit Eigelb bestreichen und mit Kräutern der Provence bestreuen.

2 Die Mozzarellakugeln zwischen Küchenpapier etwas ausdrücken und in 8 Scheiben schneiden. Die Tomaten waschen, die Stielansätze herausschneiden, die Früchte in 4 gleich große Scheiben schneiden, den Rest fein würfeln.

3 Den Backofen auf 180 °C vorheizen. Ein Backblech mit Backpapier auslegen. Die Bagels halbieren, jeweils 1 Tomatenscheibe und 2 Mozzarellascheiben darauf legen, mit Salz und Pfeffer bestreuen. Im Backofen (Mitte; Gas 2; Umluft 160 °C) etwa 5 Minuten erwärmen.

4 Die Schinkenscheiben darüber legen und mit Basilikumblättern garnieren. Die Tomatenwürfel mit den Oliven, dem Öl, dem Essig, Salz und Pfeffer mischen und zusammen mit den Bagels anrichten.

Bagels mit fruchtigem Gemüsesalat

Für 4 belegte Hälften

2 Sesam-Bagels
Für den Belag
1 säuerlicher Apfel
2 Stangen Staudensellerie
1 Tomate, 1 Mango
80 g geschälte Mandeln
3 EL Sultaninen
2 EL Mandelöl
2 EL Zitronensaft
8 EL Mayonnaise
1 TL grob geschroteter Pfeffer
etwas Kerbel

1 Die Bagels wie auf Seite 50 beschrieben herstellen. Vor dem Backen mit Eigelb bestreichen und mit Sesam bestreuen.

2 Den Apfel schälen, vierteln, entkernen und in kleine Streifen schneiden. Den Sellerie putzen, waschen und in dünne Scheiben schneiden. Die Tomate waschen, den Stielansatz herausschneiden und die Tomate fein würfeln. Die Apfel-, Sellerie- und Tomatenstücke mischen.

3 Die Mango schälen und würfeln. Die Mandeln in einer Pfanne rösten, Mango, Mandeln und Sultaninen zur Apfel-Sellerie-Mischung geben. Mandelöl und Zitronensaft verrühren und mit 2 EL Mayonnaise unterheben.

4 Die Bagels halbieren und im Toaster oder im heißen Backofen (siehe Seite 52, Schritt 3) aufbacken. Die Bagels mit der restlichen Mayonnaise bestreichen und mit dem Salat belegen. Mit Pfeffer würzen und mit Kerbelblättchen garnieren.

Bagels mit Tomate, Mozzarella und Schinken

59

Vollkorn-Bagels mit Matjes

1 Den Bagelteig wie auf Seite 50 beschrieben herstellen, jedoch ein Drittel des Mehls durch Roggenvollkornmehl ersetzen und in den gegangenen Teig die gewürfelte und in Butterschmalz braun gebratene Zwiebel einarbeiten. Die Bagels fertigstellen wie auf Seite 50 beschrieben.

2 Die Bagels halbieren. Die Salatblätter waschen, trocken-tupfen und auf den Bagel-Unter-seiten verteilen.

3 Die Mayonnaise mit der Sahne glattrühren, die Zwiebel, den Apfel, die Salzgurke und die rote Bete unterheben. Alles mit Salz, Pfeffer und Zucker abschmecken.

4 Diese Mischung auf den Salatblättern verteilen und die Matjesfilets aufgerollt darauf setzen. Mit einigen Dillspitzen garnieren und jeweils mit der Bagel-Oberseite abdecken.

Tip

Matjesfilets schmecken am besten im Sommer, wenn sie frisch eingelegt auf den Markt kommen. Holländische Matjes sind kleiner und weniger salzig als deutsche Ware. Der Salzgehalt wird verringert, wenn Sie die Matjesfilets einige Stunden in kaltes Wasser legen.

Variante

Statt Matjesfilets eignen sich auch Bismarck-Heringe für die-ses Rezept.

Bagels mit Garnelen

1 Die Bagels wie auf Seite 50 beschrieben herstellen. Vor dem Backen mit Eigelb bestreichen und mit Sesam bestreuen. Den Backofen auf 200 °C vorheizen. Ein Backblech mit Backpapier auslegen.

2 Den Frischkäse mit der sauren Sahne cremig rühren. Bei Bedarf noch etwas Milch dazugeben. Die Knoblauchzehe schälen und zum Frischkäse pressen. Das Ganze mit Zitronensaft, Salz und Cayennepfeffer würzen.

3 Die Garnelen am Rücken aufschneiden und den dunklen Darm entfernen. 12 Garnelen beiseite legen, den Rest fein hacken, mit dem Frischkäse verrühren. Die Bagels durchschneiden, die Unterseiten mit der Creme bestreichen, etwas Dill darüber zupfen und mit den ganzen Garnelen belegen.

4 Den Tortenbrie in Scheiben schneiden, die Bagel-Oberseiten damit belegen und im Backofen (Mitte; Gas 3; Umluft 180 °C) etwa 5 Minuten überbacken. Die Bagel-Oberseiten mit dem geschmolzenen Brie auf die belegten Unterseiten legen.

Für 4 Stück
4 Sesam-Bagels
Für die Füllung
150 g Doppelrahm-Frischkäse
2–3 EL saure Sahne
evtl. etwas Milch
1 Knoblauchzehe
1 EL Zitronensaft
Salz
Cayennepfeffer
250 g gekochte Garnelen
4 Stiele Dill
200 g Tortenbrie

Bagel-Doppeldecker mit Lachs

1 Die Bagels wie auf Seite 50 beschrieben herstellen. Die Bagels zweimal durchschneiden. Die Unterseiten mit etwas Schmand bestreichen und mit der Hälfte der Lachsscheiben belegen. Die mittleren Bagel-Teile darauf setzen.

2 Die Gurke in dünne Scheiben hobeln. Mit Salz, Pfeffer, Zucker und Zitronensaft mischen, kurz ziehen lassen, dann ausdrücken.

3 Die mittleren Bagel-Teile mit etwas Schmand bestreichen, mit den Gurkenscheiben, etwas Dill und und Lachs belegen.

4 Die Bagel-Oberteile darauf setzen und mit jeweils dem restlichen Schmand, dem Kaviar und etwas Dill garnieren.

Für 4 Stück
4 Bagels
Für die Füllung
300 g Schmand
300 g Räucherlachs
1/4 Salatgurke, Salz
Pfeffer aus der Mühle
2 Msp. Zucker
1 TL Zitronensaft
4 Stiele Dill
50 g Forellenkaviar

Meeresfrüchtesalat-Bagels

Für 4 Stück
4 Mohn-Bagels
Für die Füllung
125 g Tintenfisch (küchenfertig)
Salz
150 g Lachsfilet
1 Dose Pfahlmuscheln (115 g)
100 g gekochte Garnelen
100 g Surimi (siehe Tip)
1 geh. Knoblauchzehe
2 geh. Frühlingszwiebeln
1 geh. rote Chilischote
1 Msp. gem. Ingwer
Pfeffer aus der Mühle
3 EL Olivenöl
2 EL Zitronensaft
1 Bund Schnittlauch

1 Die Bagels wie auf Seite 50 beschrieben herstellen. Vor dem Backen mit Eigelb bestreichen und mit Mohn bestreuen.

2 Den Tintenfisch in mundgerechte Stücke schneiden und in wenig Salzwasser in etwa 10 Minuten weich kochen. Mit einer Schaumkelle herausnehmen.

3 Das Lachsfilet in dem Fischsud 5 Minuten bei milder Hitze gar ziehen lassen. Herausnehmen, in mundgerechte Stücke schneiden und mit dem Tintenfisch in einer Schüssel mischen.

4 Die Muscheln abgießen und abtropfen lassen, die Garnelen am Rücken einschneiden und entdarmen. Surimi in mundgerechte Stücke schneiden. Alles zur Tintenfisch-Lachs-Mischung geben.

5 Knoblauch, Frühlingszwiebeln, Chili, Ingwer, Salz und Pfeffer mit dem Olivenöl sowie dem Zitronensaft mischen und über die Meeresfrüchte gießen.

6 Die Bagels halbieren und im Toaster oder im heißen Backofen (siehe Seite 52, Schritt 3) aufbacken. Die Bagels mit dem Meeresfrüchtesalat belegen und mit Schnittlauchröllchen bestreuen. Mit den Bagel-Oberseiten abdecken.

Tip

Surimi, ein Krebsfleisch-Imitat, bekommen Sie im Fischgeschäft oder in ausländischen Lebensmittelgeschäften lose oder in Gläsern abgefüllt. Surimi wird auch tiefgekühlt angeboten.

Meeresfrüchtesalat-Bagels

Mandel-Bagels mit Sahne und Kirschen

Für 4 belegte Hälften
2 Bagels
3 EL geh. Mandeln
Mandelblättchen
Für den Belag
250 g süße Sahne
1 Pck. Vanillezucker
1 Msp. gem. Zimt
2 EL Kirschwasser
1 Glas Amarena-Kirschen (aus dem Feinkostgeschäft)
2 St. Borkenschokolade

1 Die Bagels wie auf Seite 50 beschrieben herstellen, jedoch 2 EL Mehl durch 3 EL gehackte Mandeln ersetzen. Die Bagels vor dem Backen mit Eigelb bestreichen und mit Mandelblättchen bestreuen.

2 Die süße Sahne mit Vanillezucker und Zimt sehr steif schlagen, das Kirschwasser unterziehen.

3 Die Bagels halbieren und im Toaster oder im heißen Backofen (siehe Seite 52, Schritt 3) aufbacken. Die Bagels etwas abkühlen lassen.

4 Die Schlagsahne in einen Spritzbeutel mit Sterntülle füllen und auf die Bagel-Hälften spritzen. Die Kirschen mit etwas Sirup darüber verteilen. Die Borkenschokolade längs mit einem Messer kleinschneiden und darüber streuen.

Bratapfel-Bagels mit Vanilleeis

Für 4 belegte Hälften
2 Bagels
100 g Rumrosinen
etwas ger. Zitronenschale
Zimtzucker
Für den Belag
2 große Boskop-Äpfel
1 EL brauner Zucker
3 EL flüssige Butter
4 TL Preiselbeer-Kompott
4 EL Mandelblättchen
4 Kugeln Vanilleeis

1 Die Bagels wie auf Seite 50 beschrieben herstellen, den Teig jedoch mit den Rumrosinen und etwas abgeriebener Zitronenschale verkneten. Die Bagels vor dem Backen mit Eigelb bestreichen und nach dem Backen heiß mit Zimtzucker bestreuen.

2 Die gewaschenen Äpfel längs halbieren und großzügig entkernen. Die Hälften rundherum mit etwas flüssiger Butter bestreichen und die Schnittflächen mit braunem Zucker bestreuen.

3 Die Äpfel in eine feuerfeste Form setzen und im Backofen bei 200 °C (Mitte; Gas 3; Umluft 180 °C) 30 bis 40 Minuten braten. 10 Minuten vor Bratende das Preiselbeer-Kompott in die Äpfel füllen.

4 Inzwischen die Bagels halbieren und im Toaster oder im heißen Backofen (siehe Seite 52, Schritt 3) aufbacken. Die Mandeln in einer fettfreien Pfanne rösten, bis sie duften.

5 Auf jede Bagel-Hälfte einen Bratapfel setzen, jeweils 1 Kugel Vanilleeis darauf setzen und mit Mandelblättchen bestreuen.

Pecannuß-Bagels mit bunten Früchten

\ Die Bagels wie auf Seite 50 beschrieben herstellen, jedoch 4 EL Mehl durch die gehackten Pecannußkerne ersetzen. Die Teigkringel vor dem Backen mit Eigelb bestreichen.

❷ Die Früchte putzen, waschen, bei Bedarf schälen, entkernen und in mundgerechte Stücke schneiden. Mit Zitronensaft beträufeln.

❸ Nach Packungsanweisung aus Tortenguß, Zucker und Weißwein (oder Wasser oder Fruchtsaft) einen Guß herstellen, etwas abkühlen lassen und mit den Früchten mischen.

❹ Den Quark mit dem Mandelmus, Honig und etwas Zitronensaft cremig rühren. Die Sahne mit dem Vanillezucker steif schlagen und unterziehen.

❺ Die Bagels halbieren und im Toaster oder im heißen Backofen (siehe Seite 52, Schritt 3) aufbacken. Die Bagel-Hälften mit der Quarkcreme bestreichen und den Obstsalat darüber geben. Mit etwas Puderzucker bestäuben und mit Pfefferminzblättern garnieren.

Für 4 belegte Hälften
2 Bagels
100 g geh. Pecannußkerne
Für den Belag
500 g gemischte Früchte
2 EL Zitronensaft
$1/2$ Pck. heller Tortenguß
1 EL Zucker
$1/8$ l Weißwein
150 g Magerquark
1 EL Mandelmus
2 EL Honig
125 g süße Sahne
1 Pck. Vanillezucker
Puderzucker
2 Stiele Pfefferminze

Kokos-Bagels mit gebackenen Bananen

\ Die Bagels wie auf Seite 50 beschrieben herstellen, jedoch in den Teig 1 EL gemahlenen Zimt und die Sultaninen einarbeiten. Die Bagels vor dem Backen mit Eigelb bestreichen und mit Kokosflocken bestreuen.

❷ Die süße Sahne mit dem gesiebten Puderzucker sehr steif schlagen. Zuerst die Kokoscreme, dann den Kokosnußlikör unterheben. Die Bagels halbieren und im Toaster oder im heißen Backofen (siehe Seite 52, Schritt 3) aufbacken.

❸ Die Bananen schälen, längs und quer halbieren. Die Butter in einer Pfanne erhitzen und die Bananen darin bei mittlerer Hitze etwa 3 Minuten auf beiden Seiten braten. Dann mit den Kokosflocken bestreuen und kurz mitbraten.

❹ Die Bagels mit der Kokossahne bestreichen, die gebratenen Bananen darüber legen und mit etwas grünem Bananenlikör beträufeln.

Für 4 belegte Hälften
2 Bagels, 1 EL Zimt
100 g Sultaninen
Kokosflocken
Für den Belag
150 g süße Sahne
3 EL Puderzucker
4 EL Kokoscreme
2 EL Kokosnußlikör
2 große Bananen
4 EL Butter
4 EL Kokosflocken
4 EL grüner Bananenlikör

IV Kleine feine Kuchen mit Früchten

Vorbei sind die Zeiten, als zur nachmittäglichen Kaffeerunde schwere Buttercreme- und Sahnetorten gereicht wurden. Heute bevorzugen wir eher den leichten Genuß. Mit den neuen feinen Kuchen mit vielen aromatischen Früchten erfreuen Sie Ihre Familie, Freunde und Verwandte.

Birnentörtchen

1 Die Butter schaumig rühren, Quark, Salz und gesiebtes Mehl hinzufügen und alle Zutaten zu einem glatten Teig verkneten. Den Teig in Frischhaltefolie wickeln und für 1 Stunde kühl stellen.

2 Inzwischen 16 Tortelett-förmchen (Ø 8 bis 10 cm) mit Butter einfetten. Den gekühlten Teig in 16 etwa gleich große Stücke teilen und die Back-formen damit auskleiden.

3 Den Backofen auf 180 °C vorheizen. Das Ei mit dem Zucker, der Butter und dem Vanillezucker sehr schaumig rühren. Die gehackten Wal-nußkerne unterheben.

4 Die Birne schälen und grob raspeln. Zur schaumigen Masse geben, unterrühren und in die Förmchen füllen. Im Backofen (Mitte; Gas 2; Umluft 160 °C) etwa 20 Minuten backen. Die Törtchen noch heiß mit etwas Zimtzucker bestäuben.

Bild Seite 66/67

Pflaumentörtchen

1 Den Backofen auf 180 °C vorheizen. 20 Papierförmchen auf ein Backblech stellen. Die Butter mit dem Zucker sehr schaumig rühren. Die Zitronen-schale, den Vanillezucker und die Eier nach und nach dazugeben und weiterrühren.

2 Mehl mit Speisestärke und Backpulver mischen, zur Butter-Ei-Mischung sieben und unterrühren. Ist der Teig zu fest, eventuell noch etwas Milch darunter rühren. Den Teig in die Papierförmchen füllen.

3 Die Pflaumen waschen, trockentupfen und entsteinen. Die geviertelten Früchte auf dem Teig verteilen. Im Backofen (Mitte; Gas 2; Umluft 160 °C) etwa 35 Minuten backen.

4 Währenddessen das Gelee erwärmen und die gebackenen Törtchen damit bestreichen. Abkühlen lassen und mit etwas Hagelzucker bestreuen.

Bild Seite 66/67

Apfeltörtchen

1 Den Backofen auf 180 °C vorheizen. 16 Tortelettförmchen (Ø 8 bis 10 cm) mit Butter einfetten. Die Butter mit dem Puderzucker über Dampf schaumig rühren.

2 Die Orangenschale, den Vanillezucker, Salz, die ganzen Eier sowie die Eigelbe hinzufügen und so lange weiter rühren, bis die Masse sehr cremig ist. Den Topf sofort in eine Schüssel mit Eiswasser (aus Eiswürfeln) stellen und weiter rühren, bis die Creme dicklich geworden ist.

3 Das Mehl mit der Speisestärke und dem Backpulver mischen, über die Creme sieben und vorsichtig unterheben. Den Teig in die Förmchen füllen. Die Äpfel schälen und mit dem Apfelausstecher entkernen, anschließend in etwa 3 mm dicke Scheiben schneiden.

4 Die Apfelringe nacheinander in dem Wein oder Saft etwa 3 Minuten ziehen lassen, herausnehmen und gut abtropfen lassen. In jedes Förmchen einen Apfelring setzen und im Backofen (Mitte; Gas 2; Umluft 160 °C) etwa 25 Minuten backen.

5 Währenddessen das Gelee bei milder Hitze verflüssigen. Die Mandelblättchen in einer fettfreien Pfanne goldgelb rösten und abkühlen lassen.

6 Die gebackenen Törtchen einige Minuten in der Form auskühlen lassen, dann auf einem Kuchengitter weitere 10 Minuten auskühlen lassen. Anschließend die Törtchen mit etwas Gelee bestreichen. Die Ränder mit Mandelblättchen bestreuen und leicht mit Puderzucker bestäuben.

Variante

Diese feinen Sandtörtchen schmecken auch mit Ananas. Dafür Ananasstücke aus der Dose gut abtropfen lassen und in den Teig legen. Mit dem Ananassaft und klarem Tortenguß sowie etwas Zucker nach Packungsanleitung einen Guß herstellen und die gebackenen Törtchen damit überziehen. Statt mit Mandelblättchen die Ränder mit einigen Kokosflocken bestreuen.

Für 16 Stück
100 g Butter
120 g Puderzucker
1/2 TL ger. Orangenschale
1 Pck. Vanillezucker
1 Msp. Salz
2 Eier
4 Eigelb
60 g Mehl
120 g Speisestärke
1 Msp. Backpulver
Für die Füllung
4 kleine Äpfel
1/4 l Weißwein oder Apfelsaft
150 g Apfel- oder Quittengelee
Außerdem
Butter für die Formen
40 g Mandelblättchen
Puderzucker zum Bestäuben

Kirschpastetchen

1 Die Blätterteigplatten nebeneinander legen und etwa 10 Minuten auftauen lassen. Den Backofen auf 220 °C vorheizen. Mit einem Ausstecher oder einer Pappschablone 12 Herzen (Ø 8 bis 10 cm) ausstechen. Bei 6 Herzen das Innere bis auf einen etwa 1 cm breiten Rand herausschneiden.

2 Das Ei trennen. Das Eiweiß leicht anschlagen und die Oberfläche der Blätterteigherzen damit bestreichen. Die ausgeschnittenen Herzränder darauf legen und leicht andrücken. Das Innere der Herzen sowie die oberen Herzränder mit dem verrührten Eigelb bestreichen.

3 Die bestrichenen Herzränder mit Hagelzucker bestreuen. Das Innere der Herzen mit einer Gabel mehrmals einstechen. Die Herzen auf ein mit kaltem Wasser abgespültes Backblech legen. Im Backofen (Mitte; Gas 4; Umluft 200 °C) etwa 15 Minuten backen.

4 Blätterteigreste übereinander legen und wieder ausrollen, kleinere Herzen ausstechen, mit Eigelb bestreichen und mit Hagelzucker bestreuen. Die kleinen Herzen bei 220 °C im Backofen 10 bis 15 Minuten backen.

5 Die Blätterteigherzen auf einem Kuchengitter abkühlen lassen. Die Sauerkirschen gut abtropfen lassen. Zwölf Kirschen für die Dekoration beiseite legen, den Rest pürieren.

6 Die pürierten Kirschen mit Quark, Vanillezucker, Puderzucker und Likör verrühren. Die Sahne steif schlagen und unterheben. Falls das Innere der Herzen zu hoch aufgegangen ist, müssen die Herzen mit einer Gabel etwas ausgehöhlt werden.

7 Die Kirschcreme kurz vor dem Servieren in die Herzen füllen und mit den zurückgelegten Kirschen, den kleinen Herzen und einigen Melisseblättchen garnieren.

Tip

Blätterteig läßt sich einfach verarbeiten. Damit der Teig aber wirklich schön blättrig beim Backen aufgeht, dürfen die Ränder nicht mit Eiweiß, Eigelb oder Milch bestrichen werden.

Kirschpastetchen

Himbeerrouladen

Für 8 Stück

10 EL Himbeer-
konfitüre

3 EL Himbeergeist

Für den Teig

3 Eier

1 Msp. Salz

100 g Zucker

1 Pck. Vanillezucker

etwas abgeriebene
Orangenschale

80 g Mehl

20 g Speisestärke

1/2 TL Backpulver

Außerdem

250 g süße Sahne

1 TL Zucker

1 Pck. Sahnesteif

100 g dunkle Kuvertüre

etwas ger.
Orangenschale

etwas Puderzucker

1 Den Backofen auf 200 °C vorheizen. Ein Backblech mit Backpapier auslegen. Die Konfitüre mit dem Himbeergeist verrühren.

2 Die Eier trennen, die Eiweiße mit etwas Salz steif schlagen. Die Eigelbe mit 2 EL heißem Wasser schaumig rühren. Zucker, Vanillezucker und Orangenschale einrühren.

3 Das Mehl mit der Speisestärke und dem Backpulver mischen und zur Zucker-Ei-Masse sieben. Den Eischnee dazugeben und alles vorsichtig vermischen.

4 Den Teig auf das Backpapier streichen und im Backofen (Mitte; Gas 3; Umluft 180 °C) etwa 10 Minuten backen. Sofort auf ein Küchentuch stürzen, das Papier abziehen und die Teigplatte in 4 Stücke schneiden.

5 Die Sahne mit Zucker und Sahnesteif steif schlagen. Die 4 Teigplatten mit der Konfitüre bestreichen und dabei rundherum einen Rand frei lassen. Darüber die Sahne streichen und aufrollen. Jede Rolle quer einmal durchschneiden.

6 Die Kuvertüre grob hacken und bei milder Hitze verflüssigen. Die kleinen Kuchen dünn mit Kuvertüre überziehen, mit etwas Orangenschale bestreuen und mit Puderzucker bestäuben.

Johannisbeertörtchen

1 Eine Mini-Pizza-Form oder 12 Tortelettförmchen (Ø 8 bis 10 cm) mit etwas Butter einfetten. Die Butter mit dem Zucker schaumig rühren. Das Ei und das Eigelb einrühren. Das Mehl darüber sieben, die Haselnüsse, Salz und Lebkuchengewürz dazugeben und alles zu einem glatten Teig verarbeiten.

2 Den Teig in 15 etwa gleich große Stücke teilen, in Frischhaltefolie wickeln und 30 Minuten kühl stellen.

3 Den Backofen auf 180 °C vorheizen. Die Konfitüre mit dem Likör verrühren. 12 Teigstücke zwischen Frischhaltefolie ausrollen und in die Förmchen drücken. Die Konfitüre in die Törtchen streichen.

4 Den restlichen Teig zwischen Frischhaltefolie dünn ausrollen und etwa 3 mm dicke Streifen ausradeln. Diese Streifen gitterförmig über die Törtchen legen. Die Ränder gut andrücken.

5 Die Törtchen im Backofen (Mitte; Gas 2; Umluft 160 °C) etwa 15 Minuten backen. In der Form einige Minuten ruhen lassen, dann auf einem Kuchengitter auskühlen lassen.

6 Das Gelee erwärmen, durchrühren und die Teigränder und das Gitter der Johannisbeertörtchen damit bestreichen.

Tip

Diese würzigen Törtchen lassen sich auch sehr gut mit Ananaskonfitüre füllen. Diese aber mit Orangenlikör verrühren. In diesem Fall die kräftigen Haselnüsse durch gemahlene Mandeln ersetzen.

Für 12 Stück

150 g Butter
80 g Zucker
1 Ei
1 Eigelb
200 g Mehl
50 g gem. Haselnüsse
2 Msp. Salz
1/2 TL Lebkuchengewürz

Für die Füllung

250 g Johannisbeerkonfitüre
2 EL schwarzer Johannisbeerlikör (Cassis)

Außerdem

Butter für die Form
3 EL Zitronengelee oder Apfelgelee

Stachelbeertörtchen mit Schmandguß

1 12 Tortelettförmchen (Ø etwa 8 cm) großzügig mit weicher Butter einfetten und die Förmchen mit Mandelblättchen ausstreuen. Den Backofen auf 180 °C vorheizen.

2 Das Mehl mit der Speisestärke in eine Schüssel sieben. Die Mandeln, das Ei, den Zucker und die Butter hinzufügen und alle Zutaten zu einem glatten Teig verkneten.

3 Den Teig in 12 etwa gleich große Stücke teilen, in Frischhaltefolie wickeln und 30 Minuten kühl stellen. Dann jedes Teigstück zwischen Frischhaltefolie dünn ausrollen und in die Förmchen drücken.

4 Die Stachelbeeren putzen, waschen und gut abtropfen lassen. Die Teigböden mit einer Gabel mehrmals einstechen. Die Stachelbeeren in die Förmchen füllen.

5 Für den Guß den Schmand oder die Crème fraîche mit dem Ei, dem Zucker, dem Weißwein und der Speisestärke glattrühren, dann über die Stachelbeeren gießen. Im Backofen (Mitte; Gas 2; Umluft 160 °C) 20 bis 25 Minuten backen. Nach dem Erkalten mit etwas Puderzucker bestäuben.

Beschwipste Upside-down-Küchlein

1 Eine Muffinform mit etwas Butter einfetten. Den Backofen auf 180 °C vorheizen.

2 Die Butter mit dem Zucker, dem Vanillezucker und dem Ei schaumig rühren. Das Mehl mit der Speisestärke und dem Backpulver mischen und darüber sieben. Alle Zutaten zu einem glatten Teig verrühren.

3 Die Rumtopf-Früchte klein- schneiden und rasch unter den Teig rühren. Im Backofen (Mitte; Gas 2; Umluft 160 °C) 15 bis 20 Minuten backen.

4 Die Törtchen auf ein Kuchengitter stürzen und abkühlen lassen. Die Konfitüre durch ein feines Sieb streichen, erwärmen und die Unterseite der Törtchen damit bestreichen.

Für 12 Stück
60 g Butter
50 g Zucker
1 Pck. Vanillezucker
1 Ei
25 g Mehl
50 g Speisestärke
1/4 TL Backpulver
100 g abgetropfte Rumtopf-Früchte
Außerdem
Butter für die Form
125 g Aprikosen- konfitüre

Lil' Savarins mit Grapefruitsalat

1 16 Savarinförmchen (Ø etwa 10 cm) mit etwas Butter einfetten. Das Mehl in eine Schüssel sieben. Mit einem Löffel eine Mulde drücken. Die Hefe hineinbröckeln und mit dem Zucker bestreuen.

2 Die Hefe mit ein wenig Mehl vom Rand und 3 EL lauwarmer Milch glattrühren. Die Schüssel abdecken und für 10 Minuten beiseite stellen.

3 5 EL Milch erwärmen und die Butter darin schmelzen lassen. Den braunen Zucker und Salz hinzufügen.

4 Das gegangene Hefestück mit etwas Mehl bestäuben, die Milch-Butter-Mischung, die Eier und die Orangenschale hinzufügen und alles zu einem glatten Teig verkneten. Nach Bedarf noch etwas Milch hinzufügen.

5 Den Teig zurück in die Schüssel legen, abdecken und 30 Minuten ruhen lassen. Den Backofen auf 180 °C vorheizen.

6 Den gegangenen Teig noch einmal durchkneten und die Förmchen damit füllen. Den Teig noch einmal 20 Minuten ruhen lassen. Im Backofen (Mitte; Gas 2; Umluft 160 °C) etwa 25 Minuten backen.

7 Inzwischen die Grapefruits schälen, zwischen die Trennwände schneiden und so die Filets lösen. Fruchtrückstände über einer Schüssel ausdrücken. 2 Orangen ebenso filetieren und den Saft in die Schüssel drücken. Die anderen 3 Orangen ausdrücken und zum Saft geben.

8 Die angetauten Blaubeeren und 2 EL Puderzucker zu den Grapefruit-Orangenfilets geben und mischen. Den Saft mit dem restlichen Puderzucker mischen und 3 Minuten sprudelnd kochen. Den Whisky einrühren.

9 Die gebackenen Savarins aus den Formen lösen, in eine Schüssel setzen und mit dem Saft begießen. Wenn der Saft aufgesogen ist, die Savarins auf eine Platte setzen und mit dem Fruchtsalat füllen.

10 Die Sahne mit dem Zucker steif schlagen, in einen Spritzbeutel füllen und die Savarins damit garnieren, dann mit etwas Puderzucker bestäuben.

Lil' Savarins mit Grapefruitsalat

Pfirsichtörtchen

1 12 Tortelettförmchen (Ø etwa 10 cm) mit etwas Butter einfetten. Aus Mehl, Salz, kalter Butter und dem Schmalz sowie Eiswasser einen glatten Teig kneten. Den Teig in Frischhaltefolie wickeln und 30 Minuten kühl stellen.

2 Den Backofen auf 180 °C vorheizen. Die Pfirsiche schälen und entsteinen. Anschließend in nicht zu dünne Spalten schneiden und mit dem Zitronensaft, dem braunen Zucker und den gemahlenen Mandeln mischen.

3 Den gekühlten Teig in 15 etwa gleich große Stücke teilen und zwischen Frischhaltefolie dünn ausrollen. Dann 12 Teigteile in die Förmchen legen und die Böden mit einer Gabel mehrmals einstechen.

4 Die zerkleinerten Pfirsiche auf den Teigböden verteilen. Den restlichen Teig sehr dünn ausrollen und etwa 3 mm dicke Streifen ausradeln. Die Teigstreifen in Form eines Gitters über die gefüllten Törtchen legen, die Ränder dabei gut andrücken.

5 Die Törtchenoberflächen mit der flüssigen Butter bestreichen und mit etwas braunem Zucker bestreuen.

6 Die Törtchen im Backofen (Mitte; Gas 2; Umluft 160 °C) etwa 25 Minuten backen. Noch lauwarm mit Pfirsicheiscreme und etwas Schlagsahne servieren.

Varianten

Dieser Teig ist tatsächlich nicht gesüßt.
Das Schweineschmalz können Sie um etwa die Hälfte reduzieren und dafür die Buttermenge erhöhen. Sie können die Törtchen auch mit Äpfeln, Nektarinen, Aprikosen, Zwetschgen oder Mangos füllen.

Tip

Ein Mürbeteig bekommt durch den Zusatz von Eiswasser – einfach herzustellen aus Eiswürfeln – eine besonders mürbe Struktur. Die Menge richtet sich nach dem Feuchtigkeitsgehalt des Mehls.

Schneetörtchen mit bunten Früchten und Mohnsahne

1 Den Backofen auf 100 °C vorheizen. Ein Backblech mit Backpapier auslegen und 12 Kreise (Ø etwa 9 cm) aufmalen.

2 Die Eiweiße sehr steif schlagen. Zwischendurch den Zitronensaft und die Speisestärke dazugeben, den Zucker langsam einrieseln lassen und weiterschlagen.

3 Mit einem Eßlöffel etwas von der Baisermasse auf die vorgezeichneten Kreise streichen (etwa 1 cm dick). Den Rest des Eischnees in einen Spritzbeutel mit Sterntülle füllen und auf jeden Baiserboden einen hübschen Rand spritzen.

4 Die Schneetörtchen im Backofen (Mitte; Gas 1; Umluft nicht geeignet) in 2 bis 3 Stunden trocknen lassen. Die Backofentür dabei mit einem Holzlöffel einen kleinen Spalt offenhalten. Die Schneetörtchen dürfen keine Farbe annehmen.

5 Die Kuvertüre grob hacken und bei milder Hitze verflüssigen. Die Früchte putzen, waschen und gut abtropfen lassen. Dann je nach Größe in mundgerechte Stücke schneiden und mit etwas Zucker und Cognac mischen.

6 Die abgekühlten Schneetörtchen innen mit etwas abgekühlter, aber flüssiger Kuvertüre bestreichen und mit den Früchten füllen.

7 Die Sahne mit Puderzucker, Vanillezucker und etwas Zitronenschale steif schlagen. Zum Schluß den Mohn unterheben. Einen Klecks Mohnsahne auf die gefüllten Schneetörtchen geben, den Rest getrennt dazu servieren.

Tip

In Reformhäusern und Feinkostläden können Sie sich Mohnsamen mahlen lassen. Gemahlener Mohn wird allerdings schnell ranzig. Deshalb frieren Sie die Tüte mit dem gemahlenen Mohn einfach ein. Bei Bedarf können Sie leicht die benötigte Menge entnehmen.

Für 12 Stück
6 Eiweiß
1 EL Zitronensaft
1 EL Speisestärke
300 g feiner Zucker
Für die Füllung
60 g dunkle Kuvertüre
3 Kiwis
100 g Erdbeeren
100 g Brombeeren
1 Sternfrucht (Karambole)
2 EL Zucker
2 EL Cognac
Außerdem
200 g süße Sahne
2 EL Puderzucker
1 Pck. Vanillezucker
etwas ger. Zitronenschale
2 EL gem. Mohn

V Würzige Kuchen für Partys und andere fröhliche Feste

Das ganze Jahr über gibt es zahlreiche Anlässe, große und kleine Feste zu feiern. Und damit Sie sich ausgeruht um die lieben Gäste kümmern können, bereiten Sie kein umständliches Menü zu, sondern servieren kleine würzige Kuchen in großer Auswahl, die sich leicht vorbereiten und bei Bedarf auch schnell im Backofen aufbacken lassen.

Spinatküchlein mit Pinienkernen

1 Die Blätterteigplatten nebeneinander legen und in 10 Minuten auftauen lassen. Dann dünn ausrollen und in 12 mit kaltem Wasser ausgespülte Tortelettförmchen (Ø 10 bis 12 cm) legen. Die Teigböden mit etwas geriebenem Käse bestreuen.

2 Die Sultaninen mit Wein begießen und beiseite stellen. Den Backofen auf 200 °C vorheizen. Den Räucherspeck zunächst in einem großen Topf leicht anbraten, Knoblauch und Zwiebeln sowie Olivenöl und Butter hinzufügen und alles unter Rühren etwa 3 Minuten schmoren.

3 Den Spinat waschen, putzen und gut abtropfen lassen. Zur Speck-Zwiebel-Mischung geben und zusammenfallen lassen. Die Spinatflüssigkeit abgießen und den Spinat gut ausdrücken, dann grob hacken.

4 Den gehackten Spinat mit Salz, Pfeffer, Zucker, Muskat und Zitronensaft würzen. Die Eier mit der Crème fraîche und der Milch verrühren, mit etwas Salz und Pfeffer würzen.

5 Die Eier-Sahne über den Spinat gießen, die eingeweichten Sultaninen, den restlichen Käse und die Pinienkerne hinzufügen, unterrühren und die Mischung auf die Förmchen verteilen.

6 Die Spinatküchlein im Backofen (Mitte; Gas 3; Umluft 180 °C) etwa 30 Minuten backen und lauwarm anrichten.

Tip

Sie können auch 2 Pakete tiefgekühlten Blattspinat verwenden.

Varianten

Sie können diese Küchlein statt mit Spinat auch mit 650 g bißfest gegarten Brokkoliröschen herstellen. Im Winter verwenden Sie 750 g bißfest gegarte Rosenkohlröschen, die mit der Eier-Sahne gemischt und in die Törtchen gefüllt werden.

Bild Seite 80/81

Mini-Pizzas mit Kräutern

1 Das Mehl in eine Schüssel sieben. Mit einem Löffel eine Mulde drücken und die Hefe hineinbröckeln. Den Zucker darüber streuen. Die Hefe mit ein wenig Mehl vom Rand und mit etwas lauwarmem Wasser glattrühren. Die Schüssel abdecken und für 10 Minuten beiseite stellen.

2 Das gegangene Hefestück mit etwas Mehl bestreuen, das restliche lauwarme Wasser, das Olivenöl, das Salz und die getrockneten Kräuter hinzufügen und alles zu einem glatten Teig verkneten. Das dauert etwa 10 Minuten.

3 Den Teig zurück in die Schüssel geben, mit einem Küchentuch abdecken und mindestens 30 Minuten gehen lassen, bis sich sein Volumen verdoppelt hat. Den Backofen auf 200 °C vorheizen. Zwei Backbleche mit Backpapier auslegen.

4 Die Hälfte der Flüssigkeit der Dosentomaten abgießen und anderweitig verwenden, den Rest mit den Tomaten pürieren. Den Knoblauch schälen und in feine Scheiben schneiden, mit Salz und Pfeffer unter die pürierten Tomaten mischen.

5 Den gegangenen Teig in etwa 20 gleich große Stück teilen und in der Hand zu Fladen formen, wobei der Rand etwas dicker sein sollte. Die Fladen auf die Backbleche legen und noch einmal abgedeckt etwa 10 Minuten ruhen lassen.

6 Die Fladen mit etwas Tomatenpüree bestreichen, darüber die Salbeiblätter, einige Rosmarinnadeln und Thymian streuen. Die Fladen im Backofen (zweite Stufe von unten; Gas 3; Umluft 180 °C) 10 Minuten vorbacken.

7 Die Pizzas mit dem Parmesan-käse bestreuen, mit etwas Oliven-Öl beträufeln und die Ränder mit wenig Salz bestreuen. Die Pizzas auf der untersten Stufe oder auf dem Herdboden weitere 8 bis 10 Minuten backen. Noch heiß servieren.

Varianten

Sie können die Mini-Pizzas zusätzlich mit Salamistreifen, Champignonscheiben, schwarzen und grünen Oliven und Sardellen belegen. Dazu schmeckt am besten grob geraspelter Mozzarella. Auf das grobe Salz sollten Sie in diesem Fall verzichten.

Für etwa 20 Stück
1 kg Mehl Type 550
1 Würfel Hefe
1 TL Zucker
600 ml lauwarmes Wasser
5 EL Olivenöl
1 gestr. EL Salz
1 TL getrocknete Kräuter der Provence
Für den Belag
1 kleine Dose geschälte Tomaten
4 Knoblauchzehen
Salz
Pfeffer aus der Mühle
20 Salbeiblätter
2 Stiele Rosmarin
3 El geh. Thymian
100 ger. Parmesan
etwas Olivenöl
etwas grobes Salz

Pizza- und Lauchschnecken

Für etwa 25 Stück

1 Pck. Mondamin
Fix-Teig für Pizza und
Gemüsekuchen

$^1/_4$ l lauwarmes Wasser

1 TL getrocknete
italienische Kräuter

1 TL Kümmel

Für die Füllungen

1 geh. Knoblauchzehe

1 Zwiebel

1 EL Keimöl

$^1/_2$ rote Paprikaschote

150 g Zucchini

Salz

Pfeffer aus der Mühle

60 g ger. Cheddar

200 g Lauch

1 EL Butter

$^1/_2$ kleiner Apfel

50 g Feta

Außerdem

2 Eigelb

1 EL Olivenöl

1 Den Packungsinhalt der beiden Beutel getrennt in zwei Schüsseln mit jeweils $^1/_8$ l lauwarmem Wasser verrühren. Einen Teig mit den italienischen Kräutern, den anderen mit dem Kümmel verkneten. Die Teige zu Kugeln formen und jeweils in einer Schüssel abgedeckt 30 Minuten ruhen lassen.

2 Inzwischen die Füllungen vorbereiten. Für die erste Knoblauch und Zwiebel schälen und fein würfeln. Das Öl erhitzen und beides darin weich, aber nicht braun schmoren. Die geputzte Paprikaschote und die Zucchini fein würfeln, dazugeben, ebenso etwas Wasser. Das Gemüse weich dünsten, bis alle Flüssigkeit verdampft ist.

3 Das Gemüse mit Salz und Pfeffer würzen, abkühlen lassen und mit dem Käse mischen. Den Backofen auf 200 °C vorheizen. Zwei Backbleche mit Backpapier auslegen.

4 Für die zweite Füllung den Lauch putzen, längs halbieren, gründlich waschen und in sehr feine Streifen schneiden. Die Butter erhitzen und den Lauch

darin mit etwas Wasser kurz schmoren. Den Apfel schälen, entkernen und fein würfeln, zum Lauch geben und weich dünsten, bis alle Flüssigkeit verdampft ist.

5 Das Lauchgemüse mit Salz und Pfeffer würzen. Den Feta fein hacken und unterrühren. Die Eigelbe mit dem Öl verrühren.

6 Die Teige nacheinander zwischen Frischhaltefolie dünn zu einem Rechteck ausrollen. Auf die eine Teigplatte das Pizzagemüse, auf die andere das Lauchgemüse streichen und von der schmalen Seite her aufrollen.

7 Die Teigrollen mit einem scharfen Messer in etwa 1 cm dicke Scheiben schneiden, auf die Backbleche setzen und mit Eigelb bestreichen.

8 Die Schnecken im Backofen (Mitte; Gas 3; Umluft 180 °C) 10 bis 25 Minuten backen und lauwarm servieren.

Pizza- und Lauchschnecken

Tex-Mex-Taschen

Für 12 Stück

125 g feines Maismehl
(aus dem Reformhaus)

125 g Weizenmehl
Type 550

150–180 ml warmes
Wasser

1 TL Salz

¹/₄ TL Chilipulver

Für die Füllung

3 Knoblauchzehen

1 Zwiebel

3 EL Olivenöl

200 g Rumpsteak

Salz

Chilipulver

1 Limette

200 g Egerlinge oder
Champignons

2 Stiele Zitronenmelisse

Außerdem

Olivenöl zum Backen

1 Die beiden Mehlsorten in einer Schüssel mischen. Zunächst 150 ml lauwarmes Wasser, das Salz und das Chilipulver hinzufügen und zu einem weichen Teig verarbeiten. Bei Bedarf noch etwas Wasser dazugeben. Den Teig bei Zimmertemperatur 30 Minuten bis 1 Stunde quellen lassen.

2 Inzwischen für die Füllung Knoblauch und Zwiebel schälen und fein hacken. 1 EL Öl erhitzen und beides darin weich schmoren, beiseite stellen.

3 Das Rumpsteak waschen und trockentupfen. Den Fettrand entfernen, das Steak von der schmalen Seite in dünne Streifen, dann in Würfel schneiden. Das restliche Öl erhitzen und das Fleisch darin unter Rühren 1 Minute kräftig anbraten, herausnehmen und abtropfen lassen.

4 Die Steakwürfel mit Salz und Chilipulver pikant abschmecken, mit Zwiebeln und Knoblauch mischen. Die Limette heiß waschen, trockenreiben und etwas Schale zum Fleisch reiben. Eine halbe Frucht auspressen und die Füllung damit würzen.

5 Die Pilze mit einem feuchten Tuch abreiben, die Stiele kürzen. Die Pilzköpfe würfeln und im verbliebenen Fett in der Pfanne 3 Minuten unter Rühren garen. Die Melisse von den Stielen zupfen, in Streifen schneiden und mit den Pilzen zum Fleisch geben. Die Füllung noch einmal mit den Gewürzen abschmecken.

6 Den Teig in 12 etwa gleich große Stücke teilen und zwischen den Handflächen zu dünnen Fladen drücken. Die Fladen nacheinander in einer heißen, fettfreien Pfanne beidseitig etwa 1 Minute braten.

7 Den Backofen auf 200 °C vorheizen. Ein Backblech mit Olivenöl bestreichen. Die abgekühlte Füllung auf eine Hälfte der Fladen geben, die andere Hälfte darüber klappen. Die Ränder mit Gabelzinken festdrücken.

8 Die Teigtaschen auf das gefettete Backblech setzen, die Oberfläche ebenfalls mit etwas Olivenöl bestreichen und im Backofen (Mitte; Gas 3; Umluft 180 °C) 5 Minuten backen, dann wenden und weitere 3 Minuten backen.

Bild Seite 80/81

Chili-Cookies mit zwei Dips

1 Das Wasser mit der Butter in einem Topf erhitzen. Die zarten Haferflocken einrühren und so lange erhitzen, bis sich der Teig vom Topfboden löst. Dann den Topf vom Herd ziehen und nacheinander die Eier einrühren.

2 Die Kartoffeln pellen und fein dazureiben. Den Teig mit Salz, der gehackten Chilischote und den Kräutern mischen.

3 Den Backofen auf 200 °C vorheizen. Ein Backblech mit Olivenöl einfetten. Den Teig in 20 etwa gleich große Stücke teilen, zwischen den Handflächen zu dünnen Fladen drücken und auf das Backblech setzen.

4 Die Cookies im Backofen (Mitte; Gas 3; Umluft 180 °C) 10 bis 15 Minuten backen. Dann auf Kuchengittern auskühlen lassen.

5 Für den Tomatendip die Stielansätze der Tomaten herausschneiden. Die Früchte einige Sekunden in kochendes Wasser tauchen, häuten und entkernen. Drei Tomaten nicht zu fein würfeln und in eine Schüssel legen. Die andere Tomate fein hacken und in eine andere Schüssel legen.

6 Zwei Drittel der gehackten Zwiebel zu den Tomaten geben, den Rest zur feingehackten Tomate. Die Limetten auspressen und den Saft mit dem Olivenöl verrühren, mit Salz würzen. Zwei Drittel davon zu den Tomaten geben, ebenso die gehackten Melisseblätter. Den Tomatendip kühl stellen.

7 Die Avocados halbieren, die Steine entfernen und die Hälften schälen. Das Fruchtfleisch mit dem restlichen Limetten-Öl-Gemisch pürieren und mit den feingehackten Tomaten, Knoblauch, Chili und den Kräutern mischen.

Tip

Die lauwarmen Chili-Cookies mit den beiden gut gekühlten Dips servieren. Dazu paßt als Getränk am besten ein Tequila oder eine Margarita aus Limettensaft, Tequila, Orangenlikör und zerstoßenen Eiswürfeln. Dieser mexikanische Cocktail wird in einem Glas mit Salzrand gereicht.

Für etwa 20 Stück
200 ml Wasser
60 g Butter
120 g blütenzarte Köllnflocken
3 Eier
250 g gek. Pellkartoffeln
Salz
1 grüne geh. Chilischote
4 EL geh. Kräuter (Petersilie, Koriandergrün, Zitronenmelisse)
Olivenöl zum Backen
Außerdem
4 Fleischtomaten
1 geh. Zwiebel
2 Limetten
6 EL Olivenöl
Salz
3 EL geh. Zitronenmelisse
3 reife Avocados
2 geh. Knoblauchzehen
1 rote geh. Chilischote
3 EL geh. Koriandergrün oder glatte Petersilie

Bunte Gemüseküchlein mit Käse

1 Pck. Mondamin Fix-Teig für Pizza und Gemüsekuchen

¼ l lauwarmes Wasser

Für den Belag

300 g Kirschtomaten

1 große Zwiebel

1 kleiner Zucchino

1 rote Paprikaschote

1 gelbe Paprikaschote

125 g gemischte Pilze (Champignons und Austernpilze)

4 Frühlingszwiebeln

3 Knoblauchzehen

150 g Edelschimmelkäse

150 g Allgäuer Emmentaler

150 g Camembert

Salz

Pfeffer aus der Mühle

50 g Salamischeiben

50 g feste Blutwurstscheiben

1 Tasse gemischte geh. Kräuter (Thymian, Majoran, Basilikum, Petersilie, Schnittlauch)

etwas Öl

1 Den Inhalt der beiden Beutel mit dem lauwarmen Wasser verkneten, zu einer Kugel formen und in einer Schüssel abgedeckt etwa 30 Minuten ruhen lassen.

2 Den gegangenen Teig in 20 etwa gleich große Stücke teilen und zwischen den Handflächen zu dünnen Fladen drücken. Dabei einen etwas dickeren Rand formen. Zwei Backbleche mit Backpapier auslegen und die Fladen darauf setzen. Abgedeckt beiseite stellen.

3 Die gewaschenen Tomaten in Scheiben schneiden. Die Zwiebel schälen und in feine Ringe, den gewaschenen Zucchino in dünne Scheiben, die geputzten Paprikaschoten in Würfel und die geputzten Pilze in Scheiben schneiden. Frühlingszwiebeln und geschälten Knoblauch hacken. Die Wurstscheiben bereit halten.

4 Den Edelschimmelkäse mit zwei Gabeln zerbröckeln, den Emmentaler grob raspeln, den Camembert in Scheiben schneiden. Den Backofen auf 200 °C vorheizen.

5 Die Teigfladen können nun beispielsweise wie folgt belegt werden, wobei das Gemüse immer mit etwas Salz und Pfeffer bestreut wird: Tomaten, gelbe Paprikaschote, Thymian, Knoblauch und Emmentaler.

6 Einige andere Fladen belegen Sie mit Tomaten, Salami, Zwiebelringen, Majoran und Edelschimmelkäse. Oder mit Pilzen, roten Paprikawürfeln, Knoblauch und Camembert.

7 Weitere Möglichkeiten sind eine Mischung aus Zucchini, Tomaten, gemischten Paprikastreifen, Zwiebeln, Thymian und Emmentaler. Oder eine Mischung aus Blutwurst, Frühlingszwiebeln, Majoran und Edelschimmelkäse.

8 Die Gemüseküchlein mit etwas Öl beträufeln und im Backofen (zweite Stufe von unten; Gas 3; Umluft 180 °C) etwa 15 Minuten backen. Die heißen Küchlein mit frisch gehackten, gemischten Kräutern bestreuen.

Bunte Gemüseküchlein mit Käse

Hackfleisch und Gemüse im Teigmantel

Für 20 Stück

1 Pck. Mondamin Fix-Teig für Pizza und Gemüsekuchen

¹/₈ l lauwarmes Wasser

¹/₈ l lauwarme Buttermilch

¹/₂ TL getr. Thymian

Für die Füllungen

1 EL Mu-Err-Pilze (aus dem Asienladen)

1 geh. Knoblauchzehe

1 geh. Zwiebel

1 EL Butterschmalz

200 g Tatar

1 TL Sambal Oelek

2 Msp. Currypulver

Salz, Pfeffer

1 großes Ei

100 g frische Soja-bohnensprossen

1 kleine Möhre

2 Frühlingszwiebeln

¹/₄ rote Paprikaschote

2 EL TK-Erbsen

2 geh. Knoblauchzehen

1 grüne geh. Chilischote

2 EL Sojaöl

1 TL Sojasauce

etwas frisch ger. Ingwer

2 EL heller Sesam

1 EL schwarzer Sesam

1 Den Inhalt eines Beutels mit dem lauwarmen Wasser verkneten, den Inhalt des zweiten Beutels mit der Buttermilch und etwas getrocknetem Thymian verkneten. Jeden Teig zu einer Kugel formen und abgedeckt für etwa 30 Minuten beiseite stellen.

2 Die getrockneten Pilze in reichlich warmem Wasser einweichen. Knoblauch- und Zwiebelwürfel in heißem Butterschmalz schmoren.

3 Das Tatar in eine Schüssel legen, die abgekühlte Zwiebel-Knoblauch-Mischung, Sambal Oelek, Curry, Salz und Pfeffer darüber geben, ebenso die grob gehackten Pilze. Das Ei trennen, das Eigelb kühl stellen, das Eiweiß zum Tatar geben. Alle Zutaten vermengen.

4 Den ungewürzten Teig zwischen Frischhaltefolie zu einem Rechteck (etwa 30 mal 15 cm) ausrollen und in 12 Quadrate schneiden. Aus dem Hackfleisch 12 kleine, etwa 5 cm lange Rollen formen und in den Teigquadraten so einschlagen, daß beim Backen nichts ausläuft. Die Teigrollen mit der Naht nach unten auf ein mit Backpapier ausgelegtes Backblech legen.

5 Die Sojasprossen abspülen. Die Möhre in sehr schmale Streifen, die Frühlingszwiebeln in dünne Ringe, die Paprikaschote in kleinste Würfel schneiden. Das Gemüse und die Sprossen mit den Erbsen, dem Knoblauch und der fein gehackten Chilischote im Sojaöl 3 Minuten braten, dann mit der Sojasauce, Ingwer, Salz und Pfeffer würzen.

6 Den Backofen auf 200 °C vorheizen. Den gewürzten Teig zwischen Frischhaltefolie dünn zu einem Rechteck (etwa 30 x 25 cm) ausrollen und in 8 Quadrate schneiden.

7 Die Gemüsefüllung auf den Teigplatten verteilen und von einer spitzen Seite her aufrollen. Die gefüllten Teigrollen auf ein mit Backpapier ausgelegtes Backblech setzen. Das Eigelb mit etwas Wasser verrühren und die Teigrollen damit bestreichen. Die Hackfleischrollen mit dem hellen Sesam bestreuen, die Gemüserollen mit dem schwarzen Sesam. Im Backofen (Mitte; Gas 3; Umluft 180 °C) nacheinander etwa 25 Minuten goldgelb backen und heiß servieren.

Käseküchlein mit Pecannüssen

1 Die Butter mit dem Quark cremig rühren. Das Mehl darüber sieben, etwas Salz, den Thymian und die gemahlenen Pecannußkerne hinzufügen Alle Zutaten zu einem glatten Teig verkneten. Den Teig in Frischhaltefolie wickeln und 20 Minuten ruhen lassen.

2 Inzwischen den Backofen auf 180 °C vorheizen. Ein gefettetes Mini-Pizza-Blech oder eine Muffinform bereit halten.

3 Für die Füllung das Ei mit dem Eigelb und der Sahne oder Milch verquirlen, mit Salz und Cayennepfeffer würzen, dann den Käse und die grob gehackten Nüsse unterrühren.

4 Den Teig in 12 etwa gleich große Stücke teilen, zwischen Frischhaltefolie zur doppelten Größe der Förmchen ausrollen und in die Backformen drücken. Die Füllung hineinlöffeln und die Törtchen im Backofen (Mitte; Gas 2; Umluft 160 °C) 15 bis 20 Minuten backen.

Tip

Diese leckeren Törtchen schmecken auch mit gehackten Walnüssen oder Haselnüssen. Wer es gehaltvoller mag, gibt zusätzlich 25 g gewürfelten Räucherspeck zur Füllung.

Für 12 Stück

125 g Butter
100 g abgetropfter Sahnequark
125 g Mehl Type 550
Salz
$1/2$ TL getr. Thymian
25 g gem. Pecannußkerne
Für die Füllung
1 Ei
1 Eigelb
2 EL süße Sahne oder Milch
2 Msp. Salz
Cayennepfeffer
3 EL ger. Cheddar
100 g geh. Pecannußkerne
Außerdem
Butter für die Form

Lachs-Kräuter-Küchlein

1 Für den Teig das Mehl mit Butter, Schmalz, Ei, Salz, Dill und etwas Eiswasser rasch zu einem glatten Teig verkneten. Bei Bedarf noch etwas Eiswasser hinzufügen. Den Teig in Frischhaltefolie wickeln und 1 Stunde kühl stellen.

2 Für die Füllung die Bohnen putzen, waschen und in wenig Salzwasser zugedeckt 5 Minuten garen, dann abgießen und abtropfen lassen.

3 Den Knoblauch schälen und durch die Presse drücken. Die geputzten Frühlingszwiebeln in feine Scheiben schneiden. Beides in der heißen Butter weich, aber nicht braun schmoren, die Bohnen hinzufügen und beiseite stellen.

4 Das Lachsfilet kurz kalt abspülen und trockentupfen. Dann in etwa 1 cm große Würfel schneiden, mit den Bohnen mischen und mit Pfeffer und den Kräutern würzen.

5 Den Backofen auf 200 °C vorheizen. 12 kleine Tortelettförmchen (Ø 8 bis 10 cm) mit der Butter einfetten. Den gekühlten Teig zwischen Frischhaltefolie dünn ausrollen, ausstechen und in die Förmchen legen. Die Böden mit einer Gabel mehrmals einstechen.

6 Die Sahne mit den Eiern, Salz, Cayennepfeffer und dem geriebenen Käse verrühren. Die Bohnen-Lachs-Mischung auf die Törtchen verteilen und mit der Eiersahne begießen.

7 Die Lachstörtchen im Backofen (Mitte; Gas 3; Umluft 180 °C) 20 bis 25 Minuten backen. Dann die Küchlein aus den Formen nehmen, auf einem Kuchengitter leicht abkühlen lassen und noch lauwarm servieren.

Varianten

Diese schnellen Törtchen können Sie auch mit 200 g geschmorten Lauchringen oder 250 g rohen und entdarmten Garnelen füllen.

Lachs-Kräuter-Küchlein

Krabbenküchlein

Für 10 Stück

4 Scheiben altbackenes
Toastbrot

1 Ei

2–3 EL Crème fraîche

500 g rohe Riesen-
garnelen ohne Kopf

2–3 EL Semmelbrösel

1 geh. Knoblauchzehe

2 geh. Frühlingszwiebeln

3 EL geh. Petersilie

Salz

Cayennepfeffer

1 EL Zitronensaft

2 EL Olivenöl

2 EL Butter

1 Die Brotscheiben entrinden, fein würfeln und mit dem Ei und etwas Crème fraîche verrühren.

2 Die Garnelen aus dem Panzer brechen und entdarmen. Dafür den Rücken mit einem scharfen Messer aufschneiden und den dunklen Darm entfernen. Die Garnelen waschen und 5 Stück quer einmal durchschneiden.

3 Die 5 halbierten Garnelen mit dem spitz zulaufenden Ende längs noch einmal halbieren. Diese 10 Garnelenviertel beiseite legen. Alle anderen Garnelen mit einem scharfen Messer nicht zu fein hacken und mit dem eingeweichten Brot mischen.

4 Falls sich die Masse nicht gut formen läßt, einige Semmelbrösel oder, falls die Masse zu fest ist, noch etwas Crème fraîche hinzufügen.

5 Die fein gehackte Knoblauchzehe, die gehackten Frühlingszwiebeln sowie Petersilie, Salz, Cayennepfeffer und Zitronensaft dazugeben und alle Zutaten miteinander mischen.

6 Aus der Garnelenmasse mit angefeuchteten Händen 10 etwa gleich große Küchlein formen und in jedes Küchlein mit der Außenseite nach außen ein Garnelenviertel drücken.

7 Die Garnelenküchlein im Kühlschrank abgedeckt mindestens 1 Stunde ruhen lassen. Kurz vor dem Servieren das Öl und die Butter in einer Pfanne erhitzen und die Küchlein darin auf beiden Seiten bei milder Hitze in etwa 4 Minuten goldbraun braten.

Variante

Statt der Riesengarnelen können Sie auch gekochte Tiefseegarnelen verwenden. In diesem Fall werden die Küchlein nur etwa 3 Minuten bei milder Hitze gebraten, damit sie nicht austrocknen.

Rezept- und Sachregister